W0020448

FEMMES PUISSANTES

SAISON 2

Toutes les citations suivies d'un astérisque sont tirées
du livre *Femmes puissantes* (Les Arènes, 2020)
ou du podcast du même nom (France Inter).

CET OUVRAGE EST UNE COÉDITION LES ARÈNES/FRANCE INTER.

© LES ARÈNES ET FRANCE INTER, PARIS, 2021
TOUS DROITS RÉSERVÉS POUR TOUS PAYS

WWW.FRANCEINTER.FR

LES ARÈNES
17-19 RUE VISCONTI, 75006 PARIS
TÉL. : 01 42 17 47 80
ARENES@ARENES.FR
WWW.ARENES.FR

FEMMES PUISSANTES

SAISON 2

LÉA SALAMÉ

LES ARÈNES

À Alexandre et Gabriel

« Être une femme puissante,
c'est avoir le courage de déplaire. »

LEÏLA SLIMANI

« En tant que femme je n'ai pas de pays.
En tant que femme je ne désire
aucun pays. Mon pays à moi, femme,
c'est le monde entier. »

VIRGINIA WOOLF

Préface

« C'est une erreur. » Voilà ce que je me répète ce matin de septembre 2020, alors que le livre *Femmes puissantes* vient de sortir en librairie. Mon éditeur et moi sommes dans un train en direction de Strasbourg. J'ai été invitée à participer aux Bibliothèques idéales, une manifestation culturelle qui met les livres à l'honneur dans toute la ville. C'est la première fois que je vais intervenir en tant qu'autrice. J'ai peur que ce livre ne trouve pas son public. Je m'attends à être une cible pour les médias et sur les réseaux sociaux. Le podcast *Femmes puissantes* a été un énorme succès d'audience, pourquoi avais-je besoin d'en rajouter ? Alors que le train arrive en gare de Strasbourg, je me prépare à intervenir devant une salle à moitié vide.

La réalité a été tout autre. Ce jour-là, comme lors des autres rencontres autour du livre, j'ai été frappée par le nombre de lectrices et d'auditrices venues me dire à quel point *Femmes puissantes* les avaient nourries, accompagnées, leur avaient fait du bien. Des jeunes comme des moins jeunes, issues d'absolument tous les milieux. Des hommes aussi, bien plus nombreux qu'on aurait pu le croire (et c'est tant mieux). Dans la vie réelle comme sur Instagram ou Twitter, les messages et les lettres sont arrivés par milliers. Tous disaient à quel point les questions de la puissance, du pouvoir, du rapport aux hommes, mais aussi de la féminité, de la maternité et de la vieillesse les interrogeaient au plus profond. De toute ma carrière de journaliste, à la radio et à la télévision, jamais je n'ai reçu de témoignages aussi forts qu'avec ce livre. La deuxième saison de l'émission *Femmes puissantes* m'a donné envie de continuer dans cette voie. Chaque rencontre a cassé un peu plus mes préjugés sur le sujet «femmes» et aiguisé mes convictions. Chaque interview m'a fait réfléchir, m'a construite, parfois contre moi-même.

Dans cette deuxième saison, des questions nouvelles apparaissent. Comme l'absence d'enfants ou le rapport à l'âge et au temps qui passe. Ce sont, à mes yeux, deux des derniers tabous de notre société. Assumer publiquement – sans se sentir jugée – qu'on n'a pas eu d'enfant, qu'on n'en ait pas voulu ou que la vie en ait décidé ainsi; oser aborder la question de la séduction et de la vie sexuelle passé un certain âge, cela reste difficile pour beaucoup de femmes. Poser ces questions, comprendre ce qu'elles impliquent, sortir du non-dit où ces tabous sont encore relégués, voilà une des richesses de cette nouvelle série de rencontres avec des femmes puissantes. L'absence de jugement les unes sur les autres aussi. J'aime avoir le

PRÉFACE

droit de ne pas choisir une seule mais plusieurs manières d'être féministe. Le droit, de plus en plus rare à notre époque, de ne pas avoir à choisir un camp.

Au fur et à mesure des entretiens, les femmes que j'ai interrogées se sont confiées avec de plus en plus de profondeur. Avec la diffusion de la première série, son écho, le succès du livre, les entretiens suivants se devaient d'être différents. Sans en avoir parlé ensemble, nous avons toutes voulu apporter autre chose, ne pas répéter ce qui avait été dit, explorer de nouvelles manières d'être femme. La liberté de parole des femmes interviewées, tout comme leur générosité, m'a une fois encore stupéfaite. Dire les choses sans minauder, sans poser, sans vouloir être dans l'air du temps, sans se cacher, voilà pourquoi elles sont à mes yeux des femmes puissantes. Au moment de terminer cet ouvrage et de faire relire à chacune son entretien, l'une d'elles n'a pas souhaité se prêter à l'exercice. «Je vous fais confiance, a-t-elle répondu. Ou plutôt, j'ai confiance.» On ne saurait mieux résumer l'esprit de ce livre.

« Regarder et dépasser

                    mes peurs

m'a rendue puissante. »

— Marion Cotillard

Elle est l'actrice française la plus « *bankable* ». Et cela fait quinze ans que ça dure. Elle a mis Hollywood à ses pieds en remportant l'Oscar de la meilleure actrice pour son interprétation d'Édith Piaf dans *La Môme*[1]. Les Césars, les Bafta et les prix des festivals du monde entier ont suivi. Elle aurait pu se contenter de faire sa star entre films bien payés et égérie de luxe sur tapis rouge, mais c'est bien mal connaître Marion Cotillard. Intranquille, intelligente, engagée, elle met sa notoriété au service de sa grande cause: l'avenir de la planète. Ses yeux s'animent dès qu'on lui parle d'écologie ou de la Convention citoyenne pour le climat. Elle connaît les dossiers par cœur, les travaille sans cesse, et tant pis pour ceux qui ricanent à propos des « actrices engagées ». Elle nous a reçus chez son ami et manager dans une petite impasse cachée du 20e arrondissement de Paris, en T-shirt blanc, pieds nus et pas coiffée. Marion Cotillard est simple, fraîche, directe.

---

1. Olivier Dahan (réalisateur), 2007.

LÉA SALAMÉ

À quel moment de votre vie vous êtes-vous sentie puissante ?

MARION COTILLARD

Quand j'ai regardé et dépassé mes peurs les plus profondes. Je les ai acceptées et transformées en quelque chose de créatif. Mes peurs ont été nécessaires. Elles ont, en quelque sorte, été des maîtres qui m'ont révélé cette puissance que j'avais en moi. Cela m'a fait beaucoup de bien et m'a permis d'avancer, de me construire, me reconstruire aussi. Et de pouvoir me donner la permission d'être moi-même. Ce n'est pas toujours facile, j'ai encore du chemin à faire.

L. S. Donc si je vous dis que vous êtes une femme puissante, vous me répondez quoi ?

M. C. Je vous réponds oui, la puissance ce n'est pas l'ego, c'est quelque chose qu'on a tous en nous.

L. S. En quoi consiste la puissance d'une actrice ? Le nombre d'entrées au cinéma ? La qualité des réalisateurs qu'elle va inspirer ? Est-ce le cachet qu'elle prend par film ?

M. C. C'est sa puissance émotionnelle. La manière dont elle va être vecteur d'une histoire. Sa façon d'être en connexion avec le personnage qu'elle interprète, et qui va mener à une certaine universalité qui résonne à l'intérieur de chacun. J'ai vu des actrices extrêmement puissantes, dans un abandon total à l'émotion qu'elles véhiculent, et qui ont fait très peu d'entrées. Si ça bouleverse une personne, c'est puissant.

L. S. Quand, en 2008, vous remportez l'Oscar de la meilleure actrice pour *La Môme*, avez-vous ressenti de la puissance ?

M. C. Non, pas de la puissance. J'y ai trouvé une reconnaissance importante. Mon besoin d'être reconnue se situe au-delà de mon besoin viscéral de raconter des histoires. La reconnaissance est un animal très curieux à apprivoiser.

L. S. Vous avez souvent parlé de ce besoin maladif de reconnaissance. En recevant un Oscar, un César, un Bafta et toutes ces autres récompenses, avez-vous comblé ce vide ?

M. C. Je ne vois pas la puissance à cet endroit-là. C'est encore une fois une question de reconnaissance. C'est là que tout se situe. Même si toute la reconnaissance du monde ne comblera jamais ce besoin.

L. S. À chaque femme que j'interroge, je demande quel objet incarne pour elle la puissance des femmes. Lequel avez-vous choisi ?

M. C. La caméra. Même s'il y a de plus en plus de femmes réalisatrices de films ou de documentaires, ça me questionne énormément de voir qu'il y en a quand même très peu derrière la caméra. Comme dans beaucoup d'autres domaines. Le fait de ne pas oser révèle quelque chose de plus profond. Certes, nous avons fait énormément de chemin, beaucoup de combats ont été menés pour qu'aujourd'hui les femmes prennent leur place et qu'elles incarnent cette place. Mais on continue de ne pas oser parce qu'on nous dira que ce n'est pas notre place.

L. S. Est-ce qu'on dit encore ce genre de chose à une femme qui veut devenir réalisatrice ?

M. C. Plus à notre époque, mais à celle où les inégalités étaient encore plus abyssales qu'aujourd'hui. La plupart des gens ignorent qui est Alice Guy[1], cette femme qui a inventé la fiction et le cinéma. On parle des frères Lumière mais pas assez d'Alice Guy.

L. S. Allez-vous oser passer un jour à la réalisation ?

M. C. Ce n'est pas que je n'ose pas… Ce qui est sûr, c'est que j'ai besoin de raconter des choses par moi-même. C'est un besoin qui grandit en moi depuis des années. J'ai envie de diriger des acteurs. J'ignore si ce serait dans le cadre d'un film ou sur scène. Cela dit, le dialogue de la caméra me bouleverse particulièrement.

---

1. Scénariste, réalisatrice et productrice de cinéma française (1873-1968).

L. S. Êtes-vous ambitieuse, Marion Cotillard?

M. C. J'ai eu un rapport très ambigu à l'ambition, que j'ai souvent considérée comme quelque chose d'assez négatif, qui écrase l'autre. Alors qu'en fait pas du tout. Je me suis rendu compte à un moment que j'étais ambitieuse, et que si je n'acceptais pas cette ambition, alors il y a une porte que je n'arriverais pas à ouvrir pour pouvoir m'exprimer comme je le souhaite. Il y a forcément de l'ambition dans le fait d'être publiquement regardée et entendue. À partir du moment où j'ai accepté cette ambition, j'y ai vu quelque chose qui n'était pas au détriment des autres, les portes se sont ouvertes pour me laisser l'espace de m'exprimer.

L. S. Votre père a cette jolie phrase à propos de vous: « Marion est ce qu'elle est, non pas parce qu'elle est allée au bout du monde, mais parce qu'elle est allée au bout d'elle-même. » Que fallait-il aller chercher tout au bout de vous-même?

M. C. C'est difficile à dire car cela touche à des choses extrêmement intimes, à mon parcours d'enfant. Mes parents avaient confiance en mes frères et moi. Cela nous a donné des bases très solides pour nous reconstruire aux endroits où nous nous sommes fait mal.

L. S. Ce qui est étonnant, c'est que vous dites que vos amies étaient jalouses de votre famille parfaite. Vous avez été aimée, on vous a poussée, on a eu confiance en vous et, pourtant, ce ne fut pas toujours suffisant…

M. C. J'ai vécu avec des parents qui n'étaient pas parfaits, mais qui étaient magnifiques dans leur imperfection. Aujourd'hui, ils continuent le chemin de la rencontre avec eux-mêmes, de l'acceptation. C'est d'ailleurs quelque chose que nous faisons tous ensemble. Mes parents ont vécu des choses extrêmement douloureuses dans leur enfance. Cela a déclenché en eux des peurs qu'ils nous ont transmises. Et c'est pour cette raison que je m'attache à travailler pour guérir de mes blessures, que je vais gratter un peu pour avoir un peu plus de lumière. Plus il y aura de lumière, plus les générations et les lignées futures auront des clefs.

L. S. Vous dites que vous vous trouviez « insipide », « nulle », que vous ne saviez pas ce que vous faisiez là…

M. C. Très tôt, il y a eu de ma part une incompréhension des relations humaines. J'ai eu des amis, mais très vite, je me suis retrouvée dans des groupes où je ne comprenais pas comment cela fonctionnait. Cette incompréhension, chez un être sensible comme moi, a déclenché énormément de peurs. Comme j'étais quelqu'un de très déstabilisé, on ne savait pas vraiment qui j'étais. Moi non plus, d'ailleurs, je ne savais pas qui j'étais. Les rapports sociaux me perdaient. Je n'arrivais pas à m'affirmer et j'étais impressionnée par les filles qui y parvenaient. Ne pas être très réactive m'a donné de moi une image passive, pas très intéressante. Ça s'est amplifié pendant mon enfance, puis mon adolescence, et j'ai fini par me juger d'une manière extrêmement dure. J'ai fini par penser que je n'avais aucun intérêt.

L. S. À quel moment avez-vous compris que ce n'était pas le cas ?

M. C. C'est quelque chose de très intime. Comment le raconter ? Quelqu'un m'a fait du mal un jour et j'ai été capable, des années plus tard, d'aller confronter cette personne pour lui dire en face ce qu'elle m'avait fait. J'ai alors réalisé que je venais de faire un acte d'amour et de reconnaissance envers moi-même. Ç'a été le début de la transformation du regard que j'avais sur moi. Je me suis dit : « Si tu es capable de faire ça pour toi, c'est qu'il y a un fond d'amour que tu peux cultiver. » Et un fond de puissance. Si j'ai ressenti la puissance de façon naturelle, cela n'a pas été le cas pour l'amour de soi. Il a fallu que je me force, que j'arrête de me dénigrer, de me juger durement.

L. S. On peut donc changer ?

M. C. C'est une de mes croyances profondes : chaque être peut changer. Cela étant, il y a des gens qui ont été tellement détruits que le chemin est très long.

L. S. Le grand rôle qui va tout changer dans le regard qu'on va poser sur vous, c'est votre interprétation d'Édith

Piaf dans *La Môme*. Recevoir un Oscar à trente-deux ans, n'est-ce pas trop tôt le risque de devenir une statue, un monument ?

M. C. Aux yeux des autres, peut-être. Mais à partir du moment où je me suis mise en mouvement, non.

L. S. Qu'est-ce qui vous a empêchée de prendre la grosse tête et de devenir une diva, Marion Cotillard ? Votre CV d'actrice est aujourd'hui parmi les plus impressionnants et, contrairement à d'autres, il y a une vraie simplicité qui émane de vous. D'où vient-elle ?

M. C. J'ai vu des gens s'éloigner d'eux-mêmes, ou se considérer comme étant au-dessus des autres. J'ai trouvé ça triste et parfois même terrifiant. Mais il n'y a pas que ça. J'aspire à la simplicité, j'aime le contact authentique. J'ai mis tant de temps à être moi-même avec les gens que je rencontre – comme avec vous aujourd'hui – que j'essaie de ne pas trop me protéger, pour que ça ait un intérêt. Se considérer comme important ne correspond pas à l'un de mes besoins, à l'une de mes envies.

L. S. Line Renaud raconte qu'Édith Piaf était une femme méchante, jalouse des autres femmes. Avez-vous aussi été jalouse d'autres femmes ?

M. C. Oui, évidemment. Enfin, je ne sais pas pourquoi je dis « évidemment ». Il y a ce phénomène de comparaison et de concurrence qui m'a toujours déstabilisée. Je le dis avec humilité : j'ai toujours eu une sorte de clairvoyance à l'égard de ma propre jalousie. Elle n'appartenait qu'à moi, la personne qui en était le déclencheur n'avait rien à voir avec mon histoire. Du coup, quand une autre actrice a décroché un rôle que j'aurais rêvé avoir, je n'ai jamais vraiment eu de mauvaises pensées ni de haine.

L. S. Vous n'êtes jamais méchante ?

M. C. Je n'aime pas la méchanceté. Cette phrase peut sembler bête, mais je ne vois pas ce que la méchanceté apporte. Je peux « bitcher » un peu de temps en temps sur le ton de l'humour, mais toujours avec un fond de bienveillance. Je n'ai pas envie de transmettre du négatif ni de juger. Au contraire, j'aspire à être dans le ressenti, pas dans le jugement.

L. S. Le réalisateur Arnaud Desplechin dit que vous êtes « totalement mythique. Et pas du tout mythique ». N'est-ce pas la meilleure définition de vous ?

M. C. Je ne sais pas du tout comment réagir à ça. Qu'est-ce que ça veut dire, « mythique » ? Je pense qu'il y a une partie de moi qui est ancrée dans le réel, voire ancrée tout court, et n'appartient pas du tout au domaine du mythe.

L. S. Comment vivez-vous les mauvaises critiques ? Quand vous aviez joué dans *The Dark Knight Rises*[1],

---

1. Christopher Nolan (réalisateur), 2012.

les moqueries avaient été nombreuses sur les réseaux sociaux. Pour votre tout premier film[1], le journal *Libération* avait écrit : « Marion Cotillard, c'est Kim Novak au supermarché. » Est-ce que ces critiques vous blessent ou, au contraire, elles glissent sur vous ?

M. C. Je suis parfois d'accord avec certaines critiques et cela ne me blesse donc pas vraiment. Tout est dans la façon d'en faire un événement ou non, et d'appuyer dessus pour faire mal. Oui, la scène où je meurs dans *Dark Knight Rises* est ratée. Quand je l'ai vue, ça m'a fait mal et j'ai espéré qu'elle passe inaperçue. Mais je pense que cela ne grandit personne d'appuyer là où ça fait mal.

L. S. Avez-vous appris à vous endurcir ?

M. C. Je ne sais pas si j'en ai très envie. En m'exposant, je m'expose aux critiques.

L. S. Vous êtes actrice, mais pas seulement. Vous êtes aussi une femme engagée. La grande cause de votre vie, c'est l'écologie et la sauvegarde de la planète. Voici ce que déclarait Greta Thunberg à l'ONU, à New York en septembre 2019 :

---

1. *Les Jolies Choses*, de Gilles Paquet-Brenner, 2001.

Je ne devrais pas être ici mais à l'école, de l'autre côté de l'océan. Et pourtant, vous venez nous demander, à nous les jeunes, de l'espoir. Comment osez-vous ? Vous avez volé mes rêves et ma jeunesse avec vos paroles vides de sens. Et encore, je fais partie des plus chanceux. Des gens souffrent, des gens meurent, des écosystèmes entiers s'écroulent, nous sommes au début d'une extinction de masse et tout ce dont vous nous parlez, c'est d'argent et de conte de fées racontant une croissance économique éternelle. Comment osez-vous ? (« How dare you! »)

L. S. Greta Thunberg fascine beaucoup de gens. Elle en agace aussi énormément, qui se demandent pour qui elle se prend à nous donner ainsi des leçons. Et vous, Marion Cotillard, qu'est-ce que vous en pensez ?

M. C. C'est une jeune femme qui livre ses émotions avant de donner des leçons. Je trouve ça extrêmement puissant de livrer une colère de cette manière avant un jugement. Effectivement, elle catalyse les regards et, du coup, la vénération comme l'agression et le rejet. Aujourd'hui, quel endroit du monde n'a-t-on pas abîmé ? Vous parliez de la cause que je veux défendre, l'écologie et la planète, ne le prenez pas mal, mais je trouve ça un petit peu réducteur. Cela va bien au-delà. Ce monde, c'est nous, tous les êtres vivants. C'est notre lieu de vie, notre avenir.

L. S. Votre engagement n'est pas calculé mais très sérieux. Dès l'âge de vingt ans, vous avez refusé de travailler avec certaines marques de cosmétiques parce qu'elles faisaient des essais cliniques sur les animaux.

Vous considérez-vous comme une activiste ? Comme une leader, à l'image de Greta Thunberg ?

M. C. Je me considère comme un lien, comme une sorte de loupe qui peut dévier la lumière sur les activistes. Dans l'espoir, évidemment, que des gens qui ne se sentent pas concernés le deviennent, et regardent enfin la réalité en face. Les dirigeants d'aujourd'hui ne comprennent pas que quelque chose de plus grand qu'eux les dépasse, et est déjà en marche. Un espoir incroyablement vibrant naît de cette nouvelle génération dont la puissance d'indignation et d'action ne va faire que grandir. C'est peut-être la première génération qui va apprendre de l'Histoire. Ils auront vu leurs parents, leurs grands-parents trimer pour finalement ne même pas être heureux. Leur quête de sens est réelle. Beaucoup de choses sont faites un peu partout, à plus ou moins grande échelle, par cette génération.

L. S. Est-ce que la lutte pour le climat est quelque chose que vous intégrez dans votre quotidien ?

M. C. Oui, bien sûr. Quand je peux éviter de prendre l'avion, par exemple, j'évite. J'invite aussi tous les Français à lire les propositions de la Convention citoyenne pour le climat[1], car elles sont ambitieuses. Lisez au moins les têtes de chapitre, ce qui a été discuté, débattu, le nombre de personnes qui se sont mises d'accord, les solutions proposées, tout ce qui a été pensé... Ce système de Convention

---

1. www.conventioncitoyennepourleclimat.fr

citoyenne a quelque chose de révolutionnaire et d'extrêmement puissant.

L. S. Dans les faits, seule une toute petite partie des
propositions de la Convention citoyenne pour le climat a
été reprise dans la loi.

M. C. Quand on valorise une personne, qu'on lui donne
du crédit, cette personne peut apprendre, avoir un avis et
faire évoluer sa conscience. La vraie puissance, ce serait
de prendre des décisions importantes, de faire des promesses sincères et de les tenir. Je ne vois aucune puissance dans nos politiques aujourd'hui, ni de la part de
ceux qui sont au gouvernement, ni chez ceux qui aspirent
à y être. Ça m'attriste profondément de ne pas me reconnaître en un ou une leader.

L. S. Il n'y a vraiment aucun homme ou aucune femme
politiques qui vous inspire aujourd'hui ?

M. C. Il y a, dans le monde, des femmes et des hommes
extrêmement puissants. Se lancer en politique et aller
jusqu'à gouverner implique de devoir dégommer tellement de gens autour de soi... On en a beaucoup voulu
à Nicolas Hulot d'avoir démissionné du ministère de la
Transition écologique. Nous avons oublié que c'était un
être humain en souffrance, qui s'est rendu compte que
l'exercice du pouvoir est limité.

L. S. Pourquoi ne faites-vous pas de la politique ?

M.C. On fait tous de la politique. Vous comme moi.

L.S. Mais de la politique élective ? Vous pourriez être ministre !

M.C. Non, je n'ai pas du tout les capacités pour être ministre de quoi que ce soit. Ni une vocation de leader.

L.S. Quand on parle des femmes et du cinéma, aujourd'hui, on pense à Adèle Haenel :

> On considère qu'on a inventé, avec #MeToo, la violence faite aux femmes. Mais non. On a juste tellement encaissé. Et il est possible de faire société autrement. C'est bien pour tout le monde : pour les victimes, mais aussi pour les bourreaux, afin qu'ils se regardent en face. C'est ça, être humain. Ce n'est pas écraser et obtenir du pouvoir ; c'est se remettre en question et l'accepter. Accepter le côté multidimensionnel de l'être humain. C'est comme ça qu'on fait une belle société[1].

L.S. Vous avez salué le témoignage d'Adèle Haenel en disant qu'il était « d'une puissance inouïe ». Est-ce que la place des femmes dans le cinéma a vraiment changé depuis l'affaire Weinstein et le mouvement #MeToo ? Est-ce que cela a été une vraie révolution ?

M.C. Ce sont les prémices d'une vraie révolution. Dans le cinéma comme dans tous les milieux. Il y a encore

---

1. Marine Turchi, « #MeToo dans le cinéma : l'actrice Adèle Haenel brise un nouveau tabou », Mediapart, 3 novembre 2019.

beaucoup, beaucoup de chemin à parcourir : quand elle parle des bourreaux, Adèle Haenel fait preuve d'une grande humanité. Ces bourreaux sont des gens qui ont besoin d'aide, et ne pourront pas cesser d'être des bourreaux du jour au lendemain. Ils ont une pathologie. Je pense qu'un discours comme le sien, qui ne juge jamais et pose un regard humain sur nous tous, est extrêmement important. Adèle Haenel est puissante et s'exprime d'une façon intelligible. Elle est dans l'émotion tout en ayant l'intelligence de retenir assez son mal pour que ça nous touche à ce point nous aussi. C'est pudique et extrêmement fort.

L. S. Vous avez connu Harvey Weinstein. Vous a-t-il aidée dans votre ascension à Hollywood ?

M. C. Je ne dirais pas ça. Oui, je l'ai connu. C'est quelqu'un que je respectais, mais à chaque fois que j'ai travaillé avec lui, ça ne s'est pas très bien passé.

L. S. Faites-vous partie des actrices à qui il a fait des avances ?

M. C. Non, pas du tout. C'est de notoriété publique : il avait un certain pouvoir et du mépris pour quelques réalisateurs avec qui il a travaillé. Lorsqu'il ne s'agissait pas de « grands réalisateurs », il avait tendance à prendre le pouvoir sur l'œuvre. J'ai travaillé avec lui sur des films où, très vite, il a été en désaccord avec les metteurs en scène. Et ç'a été très douloureux.

L. S. Quand l'affaire Weinstein éclate, est-ce que vous comprenez qu'il s'agit d'une déflagration ? Comment avez-vous réagi ?

M. C. Non. Je savais qu'il avait un problème, mais je n'avais pas pris la mesure de ce qu'il avait fait subir à toutes ces femmes.

L. S. Est-ce que vous, Marion Cotillard, vous avez déjà subi du harcèlement ou une agression au cours de votre carrière ?

M. C. Oui. Très peu d'actrices, et même très peu de femmes en général, n'ont jamais subi d'agression ou de violence de la part d'un homme.

L. S. Avez-vous su ou pu dire non ?

M. C. Disons que j'ai pu me protéger assez pour que ça ne tourne pas mal. Mais, à un certain degré, je n'ai pas su ni pu dire non. Souvent, c'était sous couvert d'essai, de casting, dans un contexte de travail où l'on m'a demandé de faire des choses. J'étais dans cette croyance qu'une actrice doit s'abandonner, être dans le don de soi. Notamment avec Jean-Claude Brisseau. Je peux le dire parce que cela a été évoqué publiquement, et que j'avais témoigné à l'époque. J'ai eu cette force qui vient de la pureté, de la simplicité de ce que j'ai reçu dans mon enfance. Et du parcours accompli après d'autres agressions qui n'étaient pas liées au cinéma. C'est un métier

difficile, ambigu, où le désir de l'autre est presque fondamental pour nous permettre de nous exprimer. Mais
ce désir de travailler avec quelques-uns, ça n'a rien à voir
avec un désir tordu.

L. S. Pourriez-vous retravailler avec Woody Allen ?

M. C. J'avoue que je n'ai pas une connaissance assez
détaillée de cette histoire. Je ne m'y suis jamais vraiment
plongée. Je n'ai jamais entendu sa fille adoptive en parler. Je n'ai pas de ressenti émotionnel avec cette affaire.
Peut-être que s'il me proposait à nouveau de faire un
film un jour, je m'y pencherais davantage. C'est difficile
de répondre à cette question. Maintenant, je n'ai jamais
été capable de différencier l'artiste et l'œuvre. C'est pour
moi impossible. Si une chanson me bouleverse et que je
découvre que le chanteur est un repoussoir, je ne pourrai
plus jamais être touchée par sa chanson.

L. S. La beauté est-elle un instrument de la puissance ?

M. C. Oui, d'une certaine manière. Même si je pense
que la beauté physique ne mène pas très loin.

L. S. N'est-ce pas la réponse d'une fille belle ?

M. C. Je ne me considère pas forcément comme belle.

L. S. Vraiment ?

M. C. Je vais vous donner une réponse bateau : oui, il y a des jours où je me trouve belle, d'autres où je me trouve moins belle. La beauté peut être source de grande émotion, mais je ne m'attacherais pas forcément à la beauté physique.

L. S. Est-ce que la véritable injustice entre les hommes et les femmes, dans le cinéma, c'est qu'il y a de moins en moins de rôles pour les femmes de plus de quarante ans ?

M. C. C'est en train d'évoluer et ça ne s'arrêtera pas. Plus il y aura de femmes derrière la caméra, plus il y aura de rôles pour les femmes de tous les âges.

L. S. Voici ce que vous disiez au journal *Libération* lorsque vous aviez trente ans : « J'espère qu'à quarante ans, je n'aurai plus besoin du regard de l'autre. Les vieilles actrices, c'est pathétique. »

M. C. Je n'ai jamais prononcé ces mots. Ce genre d'article me rend folle. On m'a fait dire des choses qui m'ont mise dans une grande colère. Je trouve ça horrible qu'on m'ait fait dire ça ! On est confronté à la déformation de nos propos trop souvent. Je n'ai jamais dit : « Les vieilles actrices, c'est pathétique. » Mais quelle horreur ! Je n'ai pas ce genre de pensées. Par ailleurs, il y a aussi des jeunes actrices qui sont pathétiques ! Non, je blague ! Bien que j'ai d'ailleurs pu l'être moi-même dans ma jeunesse.

L. S. Voici ce que dit l'une d'elles, Catherine Deneuve, sur la beauté :

Il y a quelque chose, chez les femmes, qui est moins bien toléré que chez les hommes : on leur demandera toujours d'avoir une certaine forme de beauté. La beauté, ça veut dire un visage expressif, des yeux vifs, un regard qui écoute vraiment. Et toutes ces choses, avec le temps, se gomment un peu.

M. C. Je l'aime profondément. Je suis d'accord avec une partie de ce qu'elle dit : nous sommes effectivement dans une société qui ne célèbre pas du tout le vieillissement physique des femmes. Du coup, vieillir est pour la plupart des femmes, notamment les actrices, difficile à accepter.

L. S. Avoir passé la quarantaine, est-ce quelque chose qui vous fragilise ?

M. C. Cela fragilise car on se voit de beaucoup plus près sur un écran que dans un miroir. J'ai aussi assisté à des choses qui m'ont profondément attristée. Par exemple, j'étais à Cannes avec des membres de mon équipe. On voit à la télé une actrice sur le tapis rouge, et l'un d'eux s'exclame : « Dis donc, elle a pris un vrai coup dans la gueule ! » Je me suis retournée vers l'homme qui avait dit ça et lui ai dit : « Mais qu'est-ce que tu diras de moi quand j'aurai son âge ? » La femme que je voyais à l'écran avait vieilli, mais elle était magnifique. Elle n'avait absolument pas touché à son visage pour se rajeunir. J'ai trouvé cette phrase extrêmement blessante. D'ailleurs, j'ai pris cette réflexion personnellement parce que, peut-être qu'au fond, j'aimerais accepter de vieillir.

L. S. Est-ce que vous iriez jusqu'à faire de la chirurgie esthétique ?

M. C. J'aimerais dire non, mais je n'en sais rien. Nous sommes responsables, la société dans laquelle nous vivons est responsable de la peur, voire du désastre intérieur que ressentent certaines femmes quand elles vieillissent. Et notamment les actrices dont on a célébré la beauté.

L. S. Vous êtes la preuve qu'une femme peut tout avoir : une vie amoureuse, une carrière, une vie de mère et même des engagements dans la vie citoyenne. « Un homme féministe, c'est un homme qui se réjouit des succès de sa femme », dit Élisabeth Badinter pour évoquer son mari, Robert Badinter. Est-ce le cas de Guillaume Canet, votre conjoint ? Se réjouit-il toujours de vos succès ?

M. C. Nous nous réjouissons des succès de l'un et de l'autre. Nous avons la chance, lui et moi, de pouvoir accomplir chacun des choses.

L. S. A-t-il contribué à la guérison des insécurités dont vous avez parlé ou est-ce quelque chose que vous avez fait seule ?

M. C. Nous nous accompagnons l'un l'autre, nous travaillons sur nous ensemble, pour grandir ensemble. Nous

vieillissons aussi ensemble, mais on est toujours en mouvement. On a besoin d'aller regarder nos failles, et d'apai-
ser le tumulte.

L. S. Delphine Horvilleur dit que, malgré tout ce qu'elle
sait, tout ce qu'elle a lu, appris, elle continue à reproduire
ses préjugés avec ses enfants. Par exemple, en disant à
ses filles : « Vous êtes mignonnes », et à son fils : « Tu es
fort. » Est-ce votre cas ?

M. C. J'essaie d'avoir une grande conscience de la
manière dont je m'adresse à eux. Mais, comme tout le
monde, je fais des conneries. Que j'essaie de réparer.
Certaines passent au travers de ma conscience, mais, si
on a conscience d'elles, on peut alors apporter des clefs.
Avancer ensemble est l'une des plus belles choses dont
l'humanité soit capable.

« Si la puissance veut dire
être solide, j'ai toujours su
que je l'étais. »

— Lila Bouadma

Rares sont les femmes qui auront autant marqué l'épidémie de Covid. Au milieu de l'hystérie générale, des médecins ou optimistes ou alarmistes, elle était impressionnante de calme, de maîtrise et d'autorité. Par sa voix, d'abord: claire et précise, sans narcissisme. Par son apparence, aussi: femme frêle à petites lunettes, privée de cheveux à cause d'une maladie auto-immune. Impressionnante, enfin, par son parcours: née dans une famille modeste, issue de l'immigration, on lui avait expliqué que «médecin, ce n'était pas pour elle», et qu'il fallait plutôt qu'elle pense à se marier et à faire des enfants. Qui l'a entendue parler une fois ne l'a jamais oubliée. Réanimatrice, professeure de médecine, membre du Conseil scientifique, Lila Bouadma a donné sa vie à son métier. Elle nous reçoit dans un joli petit appartement, épuré, rempli de plantes, qui lui ressemble. On entend même les oiseaux chanter.

LÉA SALAMÉ

Lila Bouadma, à quels moments de votre vie vous êtes-vous sentie puissante ?

LILA BOUADMA

Jamais. Je n'aime pas du tout ce mot-là. D'ailleurs, j'ai hésité à accepter cet entretien parce que je ne comprends pas ce qu'être puissante signifie. Pour moi, cela s'apparente à dominer quelqu'un ou un groupe. Je n'aime pas ça.

L. S. Cela fait des mois que je tourne autour de ce concept de « femmes puissantes ». À l'origine, je me demandais pourquoi ce terme, lorsqu'il s'agit des femmes, a une connotation négative ; alors que, chez un homme, l'ambition ou la puissance sont perçues comme positives. Au fur et à mesure des entretiens, j'ai constaté que chaque femme avait sa propre vision de la puissance : pour Leïla Slimani, c'est le courage de déplaire. Pour Christiane Taubira, cela signifie régler ses comptes avec la peur. Quand je vous ai vue prendre la parole au milieu de tous ces médecins, vous avez été la seule femme à m'avoir donné cette impression de puissance, de force, de calme… Comme quelqu'un de parfaitement centré.

L. B. Alors si la puissance est une question de force, au sens « solide » du terme, j'ai toujours su que je l'étais. Depuis le début de la pandémie, je le suis encore plus que ce que je pensais. D'un côté, cette épidémie a été très difficile à gérer. De l'autre, je n'aime pas l'idée d'être une belle machine bien huilée. J'ai l'impression que ça m'enlève un peu d'humanité. Je n'aime pas du tout ça.

L. S. Pourtant, on peut être puissante et humaine à la fois…

L. B. Peut-être. Pendant cette période, j'ai découvert une autre facette de moi : une sorte d'ouverture sur le monde, de perméabilité à ce dernier. Cela confère une vulnérabilité, une fragilité que je ne me connaissais pas. Et qui peuvent sembler contradictoires avec la solidité dont je parlais.

L. S. Quelle vulnérabilité ?

L. B. Avec le recul, je réalise à quel point ma vie était autocentrée. Je me suis demandé ce que j'avais fait ces vingt, trente dernières années. Certes, je le sais : j'ai travaillé, soigné des malades. Mais je pense que j'aurais dû ou pu en faire plus. Notamment pour la condition des soignantes. Bien que je les côtoie tous les jours, la perception qu'a la société d'elles ne m'était pas apparue aussi clairement que depuis le début de la pandémie.

L. S. Comment la société les perçoit-elles ? Et pourquoi, lorsqu'il s'agit des soignants et des soignantes, vous ne parlez que de ces dernières ?

L. B. On m'a beaucoup reproché – notamment des infirmières – de ne mettre ce terme qu'au féminin. Comme il s'agit majoritairement de soignantes, je ne vois pas pourquoi je dirais « soignants ». Même s'il y a des gens que ça heurte, je continuerai d'en parler au féminin. Nous avons, pendant cette crise, vécu plusieurs périodes : celle du mois de mars 2020, pendant laquelle, chaque soir à 20 heures, on nous applaudissait. À l'hôpital, nous avons reçu beaucoup, beaucoup de cadeaux. Et puis, l'été arrivant, s'est installée l'idée selon laquelle tous ces soignants – surtout ces soignantes – étaient remplaçables. Après tout, pour affronter la prochaine vague, on pourrait en trouver dans la rue et les former en trois jours, en six jours, en trois semaines, en six mois… Cela a beaucoup contribué à les dévaloriser. Et pour une raison : il s'agit principalement de femmes. Est-ce qu'on traiterait des hommes de cette façon ? Cela me heurte profondément. Ce métier est extrêmement difficile, technique, avec beaucoup de responsabilités. Enfin, il y a eu une troisième phase, où l'on a commencé à dire que s'il y avait eu plus de soignantes (ou si ces dernières avaient fait plus d'efforts), nous aurions sans doute pu éviter un nouveau confinement. Le message qu'on nous envoyait, c'était : « Vous n'êtes pas capables d'assurer. »

L. S. Vous êtes membre du Conseil scientifique Covid-19, mis en place par Emmanuel Macron[1]. À cette occasion, vous avez découvert ce qu'est une instance

---

1. À la demande d'Emmanuel Macron, le Conseil scientifique Covid-19 a été créé les 10 et 11 mars 2020 par Olivier Véran, ministre des Solidarités et de la Santé.

de pouvoir, et sa possible influence sur la politique. En aviez-vous conscience lorsque vous rendiez votre avis sur le confinement, le déconfinement et l'éventuelle fermeture des écoles ?

L. B. Je ne pense pas qu'on ait une telle influence. Nous sommes un comité qui donne des avis et ces derniers ne sont pas forcément suivis. Si c'était le cas, on dénoncerait une « dictature sanitaire ». Quand les avis ne sont pas suivis, on parle d'ailleurs de « divorce » entre le Conseil scientifique et le gouvernement. Il s'agit d'une instance consultative. Et c'est bien normal : ce sont les politiques qui prennent les décisions. Quand un médecin annonce une mauvaise nouvelle à un malade et lui indique la nécessité de prendre un traitement, ce dernier a toujours un droit de regard.

L. S. Pourquoi, au début de la crise tout au moins, y a-t-il eu si peu de femmes au Conseil scientifique Covid-19 ?

L. B. J'ai posé la question autour de moi. On m'a répondu que c'était l'urgence et que, dans l'urgence, on n'a pas su trouver de femmes expertes.

L. S. Aujourd'hui encore, la parole d'un expert vaut-elle plus que celle d'une experte ?

L. B. Bien sûr. La parole d'une femme, en général, vaut moins que celle d'un homme.

L. S. Ne pensez-vous pas que les choses sont en train de changer ?

L. B. Étonnamment, la crise sanitaire m'a fait découvrir que mon avis d'experte valait moins que celui d'un homme non expert. En situation d'urgence, on revient toujours à certains vieux principes. C'est ce qu'avait d'ailleurs écrit Simone de Beauvoir de façon prémonitoire : « N'oubliez jamais qu'il suffira d'une crise politique, économique ou religieuse pour que les droits des femmes soient remis en question[1]. » Même si elle ne parle pas de pandémie, c'est bien ce qu'il s'est passé. Dans cette crise, il n'y a pas que les droits des femmes qui ont reculé : en mars et en avril 2020, au début de la crise, toutes les barrières des gens se sont mises à tomber. Pour la première fois de ma vie, je me suis fait insulter pendant mon travail par un collègue.

L. S. Lorsque j'ai interrogé la chirurgienne Chloé Bertolus, celle-ci m'a expliqué que la puissance, pour un médecin, c'est la responsabilité. Lorsqu'on effectue un geste médical, il s'agit de ne pas trembler. Voici ce qu'elle dit :

---

1. *Le Deuxième Sexe*, Gallimard, 1949.

Pour un chirurgien, l'ego surdimensionné est une impérieuse nécessité. Au moment de prendre un bistouri pour ouvrir la peau d'un de ses congénères et l'opérer, il faut avoir en soi une forme de certitude – si fausse soit-elle – qu'on est *la* bonne personne, au bon endroit, au bon moment. Cela relève peut-être de l'inconscience, mais signifie surtout que le geste qu'on s'apprête à faire est le meilleur qui soit. Si ce n'est pas le cas, vous avez le devoir moral de confier ce patient à quelqu'un d'autre. Car il y aura toujours meilleur que vous. Cet ego est donc nécessaire. Un vers de Sophocle dit : « Un bon médecin ne chante pas de formules magiques sur un mal qui réclame le scalpel*. »

L. B. Je ne suis pas du tout d'accord. La puissance peut en effet consister dans cet impact qu'on a sur les gens. Et le nôtre se résume à soigner, voire à sauver des vies. Après vingt ans d'exercice, je pense que la médecine peut et doit rendre humble. Si l'on n'est pas devenu modeste en exerçant cette profession, c'est qu'on s'est trompé de chemin, qu'on s'est fourvoyé. Car, au fond, on ne guérit jamais personne tout seul, c'est un travail d'équipe. Je ne me vois pas dire à un malade que je l'ai sauvé. Même quand on est chirurgien, on n'opère jamais seul. Chloé Bertolus ne pourrait pas opérer sans anesthésiste. Elle peut considérer qu'elle a sauvé son patient ; moi, je considère que c'est une équipe.

L. S. C'est vous qui, la première, avez tenté de soigner le premier malade de la Covid-19 en France. C'était un touriste chinois, qui n'a pas survécu. Que ressent-on quand on n'arrive pas à sauver quelqu'un ? De l'impuissance ?

L. B. À partir du moment où l'on a fait son possible pour sauver un malade, on n'éprouve pas de l'impuissance. On a simplement fait tout ce qu'il fallait.

L. S. Voici ce que le professeur Axel Kahn disait quelques semaines avant sa mort, alors qu'il se savait condamné : « C'est une expérience intéressante et qu'on ne vit qu'une seule fois puisque ensuite on est mort. Je me demandais qu'elle serait mon attitude en m'approchant de la mort : voilà, je m'en approche, je le vis. Je ne le fais pas en chantant, j'aime la vie, mais je ne le fais pas non plus dans la terreur… » Vous arrive-t-il de voir la peur de la mort dans les yeux des patients ?

L. B. On ne la voit pas, car les patients dans un état très grave sont souvent inconscients. Ce que j'ai découvert pendant cette période, c'étaient des malades de la Covid qui, sans être dans un état grave, pensaient qu'ils allaient mourir à la seule idée d'arriver dans un service de réanimation avec un ventilateur. J'ai même vu plusieurs d'entre eux refuser d'être intubés, car, pour eux, cela signifiait la mort. Je me souviens d'un patient complètement terrorisé, suppliant qu'on ne l'intube pas. C'est peut-être le pire moment de ma carrière. Je n'avais jamais vu ça. Les gens viennent pour qu'on les soigne ou qu'on les sauve ; mais le seul fait qu'un ventilateur, même non branché, soit installé dans une chambre symbolisait pour certains la mort.

L. S. Dans un entretien très fort au journal *Le Monde*, vous racontiez combien cette épidémie était dure, tragique, et qu'il y avait deux femmes en vous : d'un côté, une médecin qui doit tenir, de l'autre côté, une femme qui a envie de pleurer «comme cela ne m'était jamais arrivé avant dans ma vie. Ce qui m'en empêche, c'est le manque de temps». Cette phrase m'a énormément touchée. Depuis cette déclaration, est-ce que vous avez eu du temps pour pleurer?

L. B. Si je me mettais à pleurer, les choses s'arrêteraient là, car je ne pourrais pas continuer. Au fond, je suis quelqu'un qui ne pleure pas. Je ne me souviens pas de la dernière fois où j'ai pleuré ni pourquoi. Cette envie de pleurer est quelque chose de nouveau avec cette épidémie. Je ne sais pas trop quoi en faire.

L. S. D'où vient-elle?

L. B. Je ne sais pas. Chaque jour, il y avait beaucoup de morts. Le cumul de cela, de l'ambiance dans la rue et du confinement au travail fut quelque chose d'extrêmement curieux. Nous avons perdu nos repères. Médecin, on acquiert une capacité à laisser les choses derrière soi. Une fois que j'ai quitté l'hôpital, je ne pense pas aux malades ni à la mort. Je ne me réveille pas la nuit à cause d'un cauchemar. D'ailleurs, je crois n'en avoir fait aucun depuis le début de la pandémie. On m'appelle au téléphone, je réponds aux questions, on discute d'un malade, je raccroche et passe à autre chose. Cette crise sanitaire a eu ceci de particulier que tout s'est chevauché, entrechoqué, à l'intérieur et à l'extérieur, je ne pouvais pas laisser ces choses derrière moi. Ce fut extrêmement difficile.

L. S. Espérez-vous quand même profiter des jours heureux, de l'été qui arrive[1]?

L. B. Avant, je n'avais jamais eu peur de l'avenir. Je ne me posais pas de questions, j'étais pleine de certitudes, d'enthousiasme, et l'existence était pour moi ce qu'on en faisait. Pour la première fois de ma vie, je crains le monde d'après la pandémie. Par conséquent, j'ai vraiment du mal à profiter des choses, car j'ignore de quoi sera fait l'avenir, le mien, celui de l'hôpital…

L. S. Comment avez-vous vécu cette soudaine exposition et la notoriété qui en a découlé?

L. B. La première chose qui m'est venue à l'esprit le jour où le cabinet d'Olivier Véran m'a appelée pour faire partie du Conseil scientifique Covid-19, c'est que j'allais être exposée et qu'il fallait essayer de passer inaperçue tout en donnant de sa personne.

L. S. Vous avez aussi reçu beaucoup de témoignages de respect, d'amour, d'admiration. Chaque interview que vous avez donnée a marqué les gens. Ce n'est pas négatif!

L. B. Je sais aussi que tout passe très vite et qu'on m'oubliera. Je ne suis pas une femme politique, une artiste ou une intellectuelle. Ma place n'est pas dans les médias.

---

1. Entretien réalisé au printemps 2021.

L. S. Je demande à chaque femme que j'interroge d'apporter un objet. Lequel avez-vous choisi ?

L. B. C'est un jeu, un alphabet pour les enfants de trois ans. Petite, j'ai eu l'idée un peu saugrenue d'apprendre à lire à mon frère, de neuf ans mon cadet. Je devais avoir douze ans, il en avait trois. Évidemment, je n'avais pas les moyens d'acheter un jeu comme celui-là. Je ne sais même pas si cela existait à l'époque. J'avais eu l'idée de fabriquer une règle sur laquelle on pouvait faire les lettres. Je lui avais dit : « Je te prépare une surprise » et, pendant plusieurs après-midi, j'ai coupé aux ciseaux des lettres en forme de petits carrés, etc. Lorsque je lui ai présenté mon alphabet (tout ringard), il a été très déçu. Et j'ai été très vexée. Pour moi, c'était très important d'apprendre à lire. C'était même une sorte d'obsession. J'ai quand même réussi à lui apprendre les lettres, quelques syllabes...

L. S. Vos parents sont arrivés de Kabylie à la fin des années 1960. Ils ne savaient ni lire ni écrire. Votre père était ouvrier dans une usine de fil de fer, et votre mère était femme de ménage. Vous avez grandi dans une cité ouvrière près de Belfort. Vous dites que vous ne seriez jamais devenue médecin si votre petit frère, lorsque vous aviez neuf ans, n'avait failli mourir. Que s'est-il passé ?

L. B. Nous ignorions qu'il avait une méningite. Comme nous n'avions pas le téléphone, on m'a envoyée chercher le médecin au cabinet médical. C'était un lundi. Je me souviens d'avoir décrit ce que mon frère avait, et on m'a assuré que le docteur passerait. Finalement, c'est une infirmière qui est venue. Le mercredi, comme la situation ne s'améliorait pas, on m'a renvoyée au cabinet médical. Je me souviens de l'agacement de la secrétaire, expliquant que le médecin s'était déjà déplacé chez nous. On m'a alors renvoyée une troisième fois là-bas, où je me suis fait sermonner. Mon frère, lui, ne guérissait toujours pas. Pire, il s'est mis à convulser. Je le vois dans les bras de ma mère ; elle n'arrivait pas à contenir ses mouvements anormaux, il sautait littéralement en l'air. Nous avons de nouveau alerté le médecin. Quand il est arrivé, je l'ai senti extrêmement dédaigneux. Finalement, ce sont les voisins qui ont appelé les pompiers. Ce qui m'a beaucoup frappée, c'est qu'eux, on les a écoutés. Mes parents ont beau parler français et être capables d'expliquer, ils ne contestaient pas ce que disait le médecin, vu qu'ils ne savaient ni lire ni écrire, et que lui était un notable.

L. S. Les pompiers sont venus et ont sauvé votre petit frère. Est-ce à ce moment-là que vous avez eu la certitude que vous serez un jour médecin ?

L. B. Oui. Dans mon idée d'enfant, ce fut très simple : le médecin n'avait pas appris sa leçon. Je me suis dit que je pourrais faire aussi bien. J'ai réalisé qu'il y avait des maladies, des symptômes, des traitements, et que je pouvais, moi aussi, apprendre tout cela. C'est aussi la première fois que je voyais mon père pleurer, et j'ai compris que c'était grave.

L. S. Presque toutes les femmes puissantes que j'interroge ont un rapport particulier à leur père, qu'il les ait poussées ou empêchées. Quel père avez-vous eu ?

L. B. Aucun de mes deux parents ne m'a poussée pour que je réussisse à l'école. Mon père avait la particularité d'être très secret. Je n'ai jamais su la moitié de sa vie. Il est arrivé en France beaucoup plus tôt que ma mère. C'était quelqu'un de taiseux et de très protecteur. Avec lui, je savais qu'il ne m'arriverait rien. Parce que, voilà, j'avais très peur de ma mère.

L. S. De votre mère, vous dites elle était d'une grande violence, à la fois physique et morale.

L. B. Je pense qu'il n'est pas nécessaire de donner plus d'explications. Ma mère me faisait très peur. Je faisais tout bien parce que je la craignais. Elle était imprévisible. J'attendais souvent le retour de mon père : avec lui, je savais qu'il ne m'arriverait rien.

L. S. La façon qu'a Gisèle Halimi[1] de parler de sa mère me fait penser à vous :

---

1. Avocate, militante féministe et femme politique (1927-2020).

> Je n'ai jamais senti que ma mère m'aimait vraiment. On me dit que je me suis trompée, c'est possible. L'absence d'éducation fait qu'on a une pauvreté d'expression. Il est donc possible que cette pauvreté d'expression l'ait empêchée d'exprimer ses sentiments. J'ai écrit un livre dont le titre *Fritna*, porte son prénom. Il signifie « Fortunée » en arabe. J'écris que ma mère ne m'aimait pas. Vrai ou pas, je me suis sentie comme mal-aimée par elle, en tout cas[1].

L. B. Je n'ai jamais eu l'occasion de discuter de cela avec ma mère. Ce que je sais, c'est que je n'ai aucun souvenir d'elle me touchant, m'embrassant… Jamais.

L. S. Aujourd'hui, votre mère est-elle fière de vous ?

L. B. Je n'en sais rien, car j'ai arrêté de communiquer avec elle depuis une dizaine d'années. Longtemps, j'ai attendu une réponse d'elle. Je crois qu'elle n'en est malheureusement pas capable. Je pensais qu'il y avait, comme le dit Gisèle Halimi, des difficultés qui l'empêchaient d'aimer. Mais la réponse n'est jamais venue et ne viendra pas. Un jour, assez brutalement, j'ai compris qu'il n'y avait pas d'explication. Ma mère était d'une intelligence probablement assez médiocre. Chose étrange, j'avais tous les signes pour comprendre cela et lui ai toujours trouvé des circonstances atténuantes. Sa vie est quand même très difficile. Elle est arrivée en France très jeune, sans parler français, éloignée de sa famille. Elle a

---

1. « À voix nue », France Culture, 2011.

eu des enfants rapidement. Vous voyez, je lui trouve des circonstances atténuantes.

L. S. Lorsque vous aviez sept ans, votre institutrice vous a dit : « Ton but, ce n'est pas d'étudier, c'est de te marier, d'avoir des enfants et d'apprendre l'arabe. » Qui était cette institutrice qui vous a dit ça ?

L. B. Pour moi, l'école a d'abord été quelque chose de magique et de lumineux. J'apprenais enfin quelque chose dont je pouvais me servir tout de suite, pour moi et pour ma famille. En effet, cette institutrice m'a un jour dit cela, alors que je n'avais rien fait de spécial. À l'époque, ma sœur avait des problèmes à l'école. Un jour que je la défendais pendant la récréation, cette enseignante m'a convoquée. Je sentais bien son envie de me dire quelque chose de méchant. Ç'a d'ailleurs duré très longtemps, peut-être trois quarts d'heure. Je me souviens d'avoir pleuré, c'était mon seul moyen de défense. Et plus je pleurais, plus elle insistait. C'était comme une idée fixe.

L. S. Elle était méchante ? Raciste ?

L. B. Elle était les deux à la fois.

L. S. Je voudrais vous citer un autre passage de Gisèle Halimi, sur la malédiction d'être née femme dans certaines sociétés :

Très tôt, j'ai senti qu'être une fille était une malédiction. À chaque étape de ma vie, il y avait un jalonnement de handicaps, qui venait du fait que j'étais une fille. À l'époque, être une fille était d'abord une charge. Économiquement, on ne la formait pas pour gagner sa vie, il n'était pas question d'indépendance financière. Ensuite, être fille était un lourd fardeau, à cause de tout un tas de tabous tels que la virginité, par exemple. Comme le disait mon père, une fille qui était sortie avec un garçon était considérée comme « sale ». Je suis née dans cet amoncellement de tabous autour des filles. Très tôt, je me suis posé une question : Pourquoi ? Pourquoi tous ces handicaps majeurs, qui vous réduisent par rapport aux hommes ?

L. S. Est-ce un malheur d'être née femme ?

L. B. Je n'avais pas pensé à tout ça avant. Quand la maîtresse m'a dit ces choses, je n'ai pas compris et suis allée le raconter à ma mère, qui m'a dit : « Tais-toi ! » J'ai donc réalisé qu'il s'agissait, comme le dit Gisèle Halimi, de quelque chose de tabou. Même si, au fond, je ne comprenais pas. Ce qui est sûr, c'est que personne ne m'a jamais empêchée d'aller à l'école. J'étais plutôt bonne élève. Donc je ne comprendrai jamais pourquoi cette maîtresse m'avait dit ça.

L. S. Où avez-vous trouvé la force d'aller jusqu'au bout ?

L. B. C'est curieux, tout le monde me dit que mon parcours défie les statistiques. Comme si j'étais une transfuge de classe. Quand les journalistes l'ont écrit, qu'on me l'a rapporté ou lorsque je l'ai lu, je n'y ai pas vraiment prêté attention. Pour moi, ce parcours n'est pas curieux. Je l'ai toujours mis sur le compte d'une ambition légitime, des moyens que je me suis donnés pour y arriver. J'ai réalisé tardivement qu'il défiait les statistiques. Un jour, mon frère a lu une interview que j'avais accordée et m'a dit: «Tu te rends compte?» Il m'a même indiqué le nombre de classes sociales que j'avais sautées (apparemment cela peut se calculer). Je ne m'en souviens plus mais c'était un chiffre énorme. Quand j'y pense, cela me semble toujours aussi étrange. Au fond, l'école est gratuite, républicaine, laïque, et l'on peut y arriver. J'ai reçu beaucoup de lettres d'instituteurs qui me demandaient pourquoi je me plaignais car c'est l'école qui m'avait permis d'être là où je suis, elle avait donc réussi sa mission. Mais ce n'est pas mon propos. L'école, comme l'hôpital, n'est pas une institution figée et suspendue dans laquelle il n'y a que des gens bienveillants. Pour ma part, je reçois beaucoup de familles qui me disent avoir eu un problème avec un soignant. J'examine toujours ce que l'on me raconte et j'explique qu'un hôpital, au fond, est semblable à une société. On y trouve des gens de caractères et d'esprits différents. Pour changer l'école, il faudrait changer la société. Ni plus, ni moins. Il n'y a pas plus, dans une école ou dans un hôpital, de gens bienveillants que de gens malveillants.

L. S. Vous avez réussi toutes vos études et avez voulu aller plus loin en devenant professeure. Pour cela, il faut passer un certain nombre d'étapes, de concours, de commissions et d'oraux. Vous, vous avez eu droit à une commission supplémentaire devant trois professeurs (trois hommes). Ils vous ont dit, en substance, que même si votre CV était parfait, vous n'étiez pas digne de l'université. Que s'est-il passé, là encore ? Vous les cumulez !

L. B. Non, je ne les cumule pas. Je pense que ma façon d'être bouscule un peu les gens ou les irrite. Cette commission, en effet, n'existait pas. Elle avait été créée pour moi, parce qu'on m'avait trouvée « odieuse » lors d'un précédent oral.

L. S. Un homme, c'est « charismatique » ; une femme est « caractérielle » ? Ou odieuse ?

L. B. Exactement. L'objectif de cette commission sortie de nulle part, avec à sa tête trois hommes censés me faire sortir de mes gonds, était de prouver que j'étais caractérielle, hystérique ou je ne sais quoi d'autre. C'était tellement grossier que je suis restée et ai répondu calmement à leurs questions. Ces hommes exercent toujours dans la même université que moi. Et il ne faut pas rêver : personne ne leur dira jamais rien.

L. S. Vous les avez recroisés ? Réalisent-ils ce qu'ils ont fait ?

L. B. Oui. J'espère qu'ils liront cet entretien.

L. S. Comment sort-on de ce genre d'épreuve : en colère ? Démolie ? Renforcée ?

L. B. Pour la première fois de ma vie, je me suis sentie démolie. Avant cela, je n'avais pas réalisé que mes caractéristiques (être arabe, être une femme, par exemple) posaient un problème. Ou, plus probablement, je ne me l'étais pas avoué. Je n'avais jamais trouvé qu'être une femme ou être arabe pouvaient être une excuse. Cela me semblait trop facile, comme un aveu d'échec que je ne pouvais pas supporter. À chaque fois que j'avais un problème, je me disais : « Travaille plus. » Alors que c'est bien évidemment un problème. Et je l'ai découvert brutalement. Ça m'a d'autant plus démolie quand j'ai réalisé que j'allais faire partie de ce corps, de ces gens-là, de ceux qui m'assenaient pareilles horreurs. Vraiment ? Avais-je fait tout ça pour ça ?

L. S. Vous avez beaucoup d'admiration pour Simone de Beauvoir sans pour autant être d'accord avec sa fameuse phrase : « On ne naît pas femme, on le devient. » Pourquoi ?

L. B. Je crois que Simone de Beauvoir dit que c'est la société qui fait qu'on se comporte comme des femmes ou comme des hommes. Il y a chez moi quelque chose de particulier : dans la vie courante, on m'appelle toujours « monsieur ». Parce que je n'ai pas de cheveux et que j'ai un physique qui peut me faire confondre avec un homme. D'ailleurs, je ne reproche rien aux gens. C'est normal qu'on m'appelle « monsieur ».

L. S. Vous souffrez d'une maladie auto-immune.

L. B. Oui. Et je ne sais pas pourquoi, mais il m'est impossible de répondre quand on m'appelle « monsieur », même quand les gens le répètent en haussant le ton. Il arrive même que certains se mettent à crier. À ce moment-là, je comprends qu'on s'adresse à moi. C'est comme si, quelque part au fond de moi, il y avait l'idée que je suis une femme. Ce n'est ni physique, ni biologique, ni lié à l'éducation, mais je ne peux pas naturellement répondre à l'injonction « monsieur ».

L. S. Voici ce que dit Simone de Beauvoir :

> Être femme, ce n'est pas une donnée naturelle, c'est le résultat d'une histoire. Il n'y a pas un destin biologique, psychologique, qui définisse la femme en tant que telle. C'est une histoire qui l'a faite. D'abord l'histoire de la civilisation, qui a abouti à son statut actuel. D'autre part, pour chaque femme particulière, c'est l'histoire de sa vie, de son enfance, qui la détermine comme femme, et qui crée en elle quelque chose qui n'est pas du tout une donnée ni une essence, ou ce qu'on a pu appeler l'éternel féminin ou la féminité[1].

L. B. Je ne suis pas sûre qu'aujourd'hui, en tout cas d'un point de vue médical, on puisse dire les choses ainsi. On se rend bien compte qu'il y a un certain nombre d'enfants qui, nés avec des chromosomes de garçon, vont se sentir fille. Ou l'inverse. C'est ce qu'on appelle, selon le terme

---

1. « Questionnaire », TF1 (1975).

médical, la « dysphorie de genre ». Bref, ce n'est pas si simple que ça.

L. S. Vous vous sentez femme, vous ?

L. B. Non, mais je sais que je suis une femme. Si vous me parlez des codes classiques, je ne les ai pas. Je me vois mal me maquiller ou porter des talons hauts. Ça, je ne sais pas faire.

L. S. Êtes-vous féministe ?

L. B. Si féministe signifie que les femmes ont une importance égale aux hommes, bien sûr que oui, je le suis. C'est un principe intangible. J'ai entendu une députée espagnole qui disait qu'être féministe, c'est comprendre que s'il y a autant d'hommes que de femmes au pouvoir, le monde n'en sera que meilleur pour les hommes et pour les femmes. La diversité, quelle qu'elle soit, est toujours bénéfique.

L. S. Que pensez-vous du mouvement #MeToo ? Il a commencé dans le milieu du cinéma, puis s'est étendu à beaucoup d'autres catégories socioprofessionnelles. Est-ce qu'il a touché l'hôpital ? Est-ce que cette libération de la parole des femmes est un sujet qui vous intéresse ?

L. B. C'est un sujet qui m'intéresse, bien que je n'aie jamais été confrontée à un problème de ce genre-là. Le fait que les gens me prennent pour un homme m'en protège.

L. S. En 2017, une grande enquête dans le magazine *L'Express* montrait que 61 % des étudiantes en médecine disaient être régulièrement victimes de sexisme ordinaire. Et que 88 % des internes ont été témoins de blagues sexistes.

L. B. C'est vrai. Lors des réunions de professeurs, il y a souvent beaucoup d'hommes et, invariablement, cela finit par une blague sexiste. Lorsque vous en faites la remarque, on vous répond toujours la même chose : « Mais c'est pour rigoler ! » Voilà, le sexisme, c'est toujours pour rigoler...

L. S. Êtes-vous pour les quotas ? Faut-il en instaurer pour qu'il y ait, à poste égal, autant de femmes que d'hommes ?

L. B. J'ai toujours été contre les quotas. De jeunes collègues avec qui j'en discutais me disaient exactement la même chose. Plus jeune, je me demandais pourquoi on me donnerait un quelconque privilège parce que j'étais une femme. Mais je réalise aussi une chose : si l'on n'instaure pas quelque chose de ce genre, le monde d'après sera encore construit par des hommes, pour des hommes.

L. S. À chaque femme que j'interviewe, je demande de choisir une chanson qui incarnerait les femmes puissantes. Vous avez choisi « Il n'y a pas d'amour heureux »,

chantée par Danielle Darrieux dans le film *Huit Femmes*[1].
Pourquoi cette chanson ?

L. B. J'ai choisi cette chanson non parce qu'elle incarne
les femmes puissantes, mais parce qu'elle en dit beaucoup sur la condition humaine. On pense toujours que
c'est une chanson sur l'amour composée par Georges
Brassens, alors qu'il s'agit en fait d'un poème d'Aragon,
dont on a amputé la dernière strophe, par ailleurs très
patriotique. Ça parle de soldats, de l'amour, mais aussi de
la condition humaine. Cette chanson me parle.

L. S. Que dit-elle, cette dernière strophe ? Vous pouvez
la chanter ?

L. B. (Soupir gêné)

*Il n'y a pas d'amour qui ne soit à douleur / Il n'y a pas d'amour
dont on ne soit meurtri / Il n'y a pas d'amour dont on ne soit
flétri / Et pas plus que de toi l'amour de la patrie / Il n'y a pas
d'amour qui ne vive de pleurs / Il n'y a pas d'amour heureux /
Mais c'est notre amour à tous les deux.*

L. S. Le professeur Régnier, votre maître et ancien professeur, dit de vous : « Elle est acharnée au travail, peut-
être trop. Il m'arrivait de lui dire qu'il n'y a pas que ça
dans la vie. » Y a-t-il autre chose dans votre vie que le
travail de réanimatrice et le sacerdoce du médecin ?

---

1. François Ozon (réalisateur), 2002.

L. B. Oui, j'aime beaucoup de choses. Beaucoup trop de choses ! J'aime planter, j'aime décorer. Je fais les travaux moi-même. Comme vous pouvez le voir, ça n'avance pas beaucoup. J'aime le design, aller au cinéma. J'aime lire, j'aime faire du vélo… Quand j'aime quelque chose, je le fais à fond. On peut parler d'amour, mais je me sens incompétente sur le sujet. Ou inapte.

L. S. Vous n'avez jamais été amoureuse ?

L. B. Je ne crois pas.

L. S. Vous n'avez jamais eu le cœur qui bat pour quelqu'un ?

L. B. Je ne devrais pas dire ça, car, malheureusement, des hommes vont se sentir blessés. On me dit souvent que je n'ai pas rencontré le bon, etc. Il y a quelque chose de l'ordre de l'attachement, de la confiance et du laisser-aller qui m'est difficile. Sans comprendre pourquoi, je sais depuis toujours que je n'aurai pas d'enfants. C'était une impossibilité. Et je n'en éprouve aucun regret. Je crois que j'aurais été une mauvaise mère, car je ne sais pas moi-même en quoi cela consiste. L'idée de la mère ne me touche pas. Je ne peux pas.

L. S. Aujourd'hui, à cinquante ans, est-ce que l'idée de prendre de l'âge vous angoisse, comme c'est le cas pour d'autres femmes ? Ou pas du tout ?

LILA BOUADMA

L. B. J'adore vieillir. Pour moi, il n'y a aucun abandon d'une jeunesse ou d'une beauté flamboyante. Longtemps, j'ai été en décalage entre l'âge qu'on pouvait me donner et ce qu'il y avait réellement dans ma tête. Intérieurement, c'était très conflictuel. Aujourd'hui, je me sens beaucoup mieux comme ça. Vieillir m'apporte beaucoup.

« Il faut faire

entrer les femmes

dans l'Histoire. »

— Michelle Perrot

Elle a fait sortir les femmes de l'oubli. Dans les années 1970, en proposant à l'Université un cours consacré à l'histoire des femmes, elle leur a donné une place qu'elles n'avaient jamais eue auparavant. L'histoire de la moitié de l'humanité n'était tout simplement pas considérée comme un sujet intéressant. C'est aussi par ses travaux majeurs sur la classe ouvrière qu'elle s'est fait remarquer. Grande historienne, elle est devenue une icône des jeunes féministes d'aujourd'hui. À plus de quatre-vingt-dix ans, Michelle Perrot a l'esprit acéré, le mot juste et l'érudition généreuse.

LÉA SALAMÉ

Michelle Perrot, à quels moments de votre vie vous êtes-vous sentie puissante?

MICHELLE PERROT

Oh, jamais! Ni aujourd'hui ni autrefois. La puissance ne fait pas partie de mon horizon. Je n'aime pas tellement ce mot, car je le trouve phallocrate. Je pense au phallus et à ce qu'il représente: le goût et l'exercice du pouvoir, l'ambition; toutes ces choses auxquelles je me suis heurtée et dont, comme beaucoup de femmes, je n'avais pas envie.

L. S. C'est amusant que vous me répondiez ça: quand j'ai proposé le titre du podcast «Femmes puissantes» à ma patronne, elle n'en a pas voulu parce qu'elle le trouvait clivant. Pourquoi, lorsqu'on associe le terme de «femme» à celui de «puissance» ou d'«ambition», c'est forcément négatif?

M. P. Parce que nous sommes prisonniers des représentations de très longue durée qui structurent les rapports entre les hommes et les femmes. Si on regarde le XIXᵉ siècle, on voit deux mondes distincts: le public et le privé. Le public, c'est pour les hommes; ils s'occupent de la politique, prennent les décisions. Le privé, c'est pour les femmes; à elles la famille, la maison, le bonheur. Bien entendu, sous le contrôle des hommes – à commencer par le Code civil, que George Sand nommait «l'infâme Code civil». D'ailleurs en ce moment, avec

MICHELLE PERROT

le bicentenaire de la mort de Napoléon Ier, j'y pense beaucoup, à ce Code civil qu'il a édicté. Par conséquent, nous sommes dépendants de ces structures, de ces représentations. Et, inconsciemment peut-être, nous les véhiculons.

L. S. À mes yeux, vous êtes pourtant une femme puissante. Au-delà de vos travaux majeurs d'historienne sur la classe ouvrière, vous êtes la première à avoir sorti les femmes de l'oubli. Longtemps, la question des femmes n'existait pas à l'Université. Grâce à vous et à quelques collègues, les choses ont changé. Nous sommes au début des années 1970. À l'université Paris-VII, vous mettez en place un cours qui fera date : « Les femmes ont-elles une histoire ? » Pourquoi les femmes sont-elles restées si longtemps un angle mort du récit historique ?

M. P. D'abord, elles ont laissé moins de traces, du fait qu'on ne les regardait pas, que ce qu'elles faisaient n'était pas considéré comme intéressant. Ensuite parce que la conception de l'Histoire que nous avons héritée des Grecs, entre autres d'Hérodote, concerne l'histoire *publique*, c'est-à-dire le pouvoir, les règnes, les hommes puissants – justement – ou les déesses. Bien sûr, il y a beaucoup de déesses dans l'Histoire, mais une déesse est-elle une femme ? On peut se poser la question. Pour toutes ces raisons, les femmes n'apparaissent pas dans ce récit qu'est l'Histoire. Il y a une carence de sources, que l'on peut combler : c'est là tout le travail des historiennes

LÉA SALAMÉ

et le rôle d'une bibliothèque comme celle-ci[1], où l'on trouve quantité de journaux, de sources, etc. Voilà un exemple de ce que l'on peut faire. En définitive, c'est surtout parce qu'une certaine conception de l'Histoire – l'histoire publique – a dominé pendant longtemps que les femmes n'ont pas été visibles.

L. S. C'est donc l'histoire des *hommes*.

M. P. Oui, des hommes. Vous allez me dire : « Mais il y a eu des reines ! » Oui, bien sûr, il y a eu des reines. Mais en France, elles n'avaient aucun pouvoir.

L. S. Et Jeanne d'Arc ?

M. P. Jeanne d'Arc tient une très grande place dans les manuels, mais c'est bien la seule. Les autres, on n'en parle pratiquement pas. Autrement dit, Jeanne d'Arc est un peu l'exception qui confirme la règle. Certes, il y a eu des reines anglaises, des reines danoises, mais il n'y en a pas eu en France. À cause de la loi salique, qui excluait les femmes du trône. Par conséquent, la reine n'était que la femme du roi.

L. S. Revenons au début des années 1970. Historienne, vous introduisez ce premier cours sur l'histoire des

---

1. L'entretien a eu lieu à la bibliothèque Marguerite Durand, à Paris. C'est la seule bibliothèque publique française consacrée à l'histoire des femmes, du féminisme et du genre.

MICHELLE PERROT

femmes. Ernest Labrousse, un grand universitaire et historien, qui encadrait alors vos travaux de recherche, vous a dissuadée de faire votre mémoire de maîtrise sur le féminisme. «Vous ne ferez jamais carrière avec ça», vous a-t-il dit.

M. P. Oui, absolument. Mais je voudrais lui rendre hommage, car c'était un grand homme. Mais le féminisme n'était pas du tout une chose de son temps. En revanche, Ernest Labrousse était féministe dans la pratique, car il me considérait comme absolument égale aux hommes. Avec lui, je n'ai souffert d'aucune discrimination. Au fond, je ne suis devenue féministe qu'après les années 1970, car, personnellement, je n'avais jamais rencontré de difficultés particulières. À l'Université, il y avait très peu de femmes. Quand j'ai été assistante d'Ernest Labrousse à la Sorbonne, j'étais en Histoire la seule femme.

L. S. Vous avez d'ailleurs été reçue à l'agrégation *féminine* d'histoire et de géographie. L'agrégation n'était donc pas la même pour tout le monde?

M. P. Ce n'était pas du tout la même chose. Pour d'obscures raisons, l'oral de l'agrégation féminine se passait au lycée Victor-Duruy, sans aucun public. Alors que l'agrégation masculine avait lieu à la Sorbonne, sous la présidence du grand historien Fernand Braudel. Les gens s'y précipitaient. Pour ces derniers comme pour ceux qui le passaient, ce concours était un événement. On se demandait qui étaient les jeunes gens qui émergeraient

MICHELLE PERROT

de l'agrégation masculine. Alors que lorsqu'il s'agissait de l'agrégation féminine, ce n'était pas du tout le cas! Là, j'ai senti une discrimination.

L. S. Françoise Héritier raconte qu'elle a été victime de préjugés sexistes de la part de ses collègues, et même de celle du grand historien Georges Duby:

> On n'était qu'entre hommes, si je puis dire. Nous étions 20 ou 22 professeurs de sciences humaines, réunis pour discuter entre nous. C'était une très riche idée de Gérard Fussman et de Georges Duby. À la fin de la première journée, Georges Duby a dit: «Écoutez, mes chers collègues, c'est formidable ce que l'on fait ici, sans auditoire, sans étudiants, sans personne. Mais c'est quand même dommage que tout ça soit perdu. Il faudrait que quelqu'un prenne des notes.» Et, très naturellement, il s'est tourné vers moi en me disant: «Est-ce que vous le feriez, Françoise?» Ce à quoi j'ai répondu tout aussi naturellement que je n'étais pas programmée génétiquement pour les prendre mieux que lui. Il n'a alors plus été question de prendre des notes. Mais le raisonnement était imparable dans sa facilité: nous sommes entre égaux, nous parlons entre égaux, mais dès qu'arrive une tâche subalterne à accomplir, c'est à la femme de s'y coller[1].

M. P. Ce qu'elle raconte, je l'ai souvent vécu. Comme je suis plutôt du genre gentil, cela m'était bien égal, je prenais les notes. Mais elle a raison: c'est un réflexe conditionné; s'il y a une femme, ce sera à elle de prendre les notes. Quand j'étais assistante à la Sorbonne, il y avait de

---

1. «L'Humeur vagabonde», France Inter, 2012.

MICHELLE PERROT

temps en temps des réunions avec tous les assistants, et le grand professeur qui présidait la séance disait toujours: « Messieurs. » Mais je dois dire que, à l'époque, ça ne me gênait pas.

L. S. À quel moment cela a-t-il commencé à vous gêner ?

M. P. Cela m'a gênée par éclairs. Mais ça me faisait surtout rire. Autour de moi, il y avait plutôt des hommes féministes, donc je ne me sentais pas mal. Quand je voyais ces petits travers, je trouvais ça complètement ridicule. J'ai théorisé tout cela d'abord en lisant *Le Deuxième Sexe*, de Simone de Beauvoir – j'ai lu ce livre, qui avait paru en 1949, au début des années 1950. Ensuite en participant au mouvement des femmes des années 1970.

L. S. Mais on voit que cela a quand même été difficile pour vous d'imposer la question des femmes à l'Université. Même égalitaires, ces grands hommes restaient très machos. Comme d'ailleurs, même s'ils se disaient progressistes, ceux de Mai 68…

M. P. En Mai 68, ceux qu'on appelait les quatre « grands » – Daniel Cohn-Bendit, Alain Krivine, Jacques Sauvageot, Alain Geismar – étaient des hommes. Ce sont eux qui montaient sur le *Lion de Belfort*, place Denfert-Rochereau. Pas nous. Certes, il y avait des femmes, on était là, on applaudissait, on regardait. On était très contentes, très heureuses. Mais toujours dans le rôle de l'incarnation.

LÉA SALAMÉ

L. S. Les stars, c'étaient les hommes.

M. P. Oui, même la grande Simone de Beauvoir, que j'aime tant, dit : « L'histoire a été faite par des hommes. » Elle dit cette phrase !

L. S. Simone de Beauvoir, justement, a beaucoup compté pour vous. Vous avez presque la vingtaine lorsque sort *Le Deuxième Sexe*, en 1949. En quoi ce livre vous a-t-il aidée ? Que Simone de Beauvoir vous a-t-elle appris ? Pour ceux et celles qui ne l'ont pas lue, pouvez-vous nous dire ce que serait le féminisme sans elle ?

M. P. Simone de Beauvoir est absolument centrale. Elle a introduit le féminisme non seulement en France, mais aussi à l'étranger. On pourrait dire qu'elle est la mère de la notion de « genre », terme qu'on emploie beaucoup aujourd'hui. Quand Simone de Beauvoir écrit : « On ne naît pas femme, on le devient », et quand elle ajoute ailleurs : « On ne naît pas homme, on le devient », qu'est-ce qu'elle veut dire ? Que la virilité et la féminité ne sont pas liées à des conditions naturelles, physiques, biologiques, mais à des constructions culturelles et historiques. Par conséquent, ce qui a été fabriqué peut être défait. Les femmes ne portent pas sur leurs épaules un destin de mère et d'épouse auquel on voudrait normalement les destiner, en les excluant, du reste, du pouvoir et de la puissance. Eh bien, ça n'est pas imposé. Elles peuvent faire autre chose !

L. S. Vous rappelez-vous ce que vous avez ressenti en lisant *Le Deuxième Sexe* alors que vous avez une vingtaine d'années?

M. P. Deux choses. D'abord, j'ai trouvé ça rébarbatif. Cela dit, c'est si solide, si sérieux; il y a tant de références… Simone de Beauvoir a accompli un travail gigantesque! Elle a passé des jours et des jours à la Bibliothèque nationale de France, site Richelieu, pour défricher son sujet. Et elle nous donne les preuves de ce qu'elle avance: ce n'est pas un roman, c'est un vrai livre de philosophie et d'histoire. Puis, dans un second temps, son livre a été une révélation. Progressivement, je voyais un petit peu ce que j'étais, et ce que toutes les femmes étaient dans la société.

L. S. La voici, racontant comment elle est venue à s'intéresser à l'histoire des femmes et à écrire *Le Deuxième Sexe*:

Au début, je ne pensais pas du tout m'occuper d'une manière spéciale des problèmes du féminisme. Parce qu'il me semblait que ces problèmes sont subordonnés à des problèmes sociaux beaucoup plus vastes. Ce désir m'est venu, d'une part, parce qu'il m'a semblé que les femmes d'aujourd'hui avaient beaucoup de mal – pratiquement et moralement – à vivre, et étaient dans un état de déséquilibre; d'autre part, parce que j'étais, comme beaucoup d'autres femmes, assez irritée par le nombre de grandes sottises qui se débitent à propos de nous et à propos de notre situation.

MICHELLE PERROT

C'est un livre que j'ai écrit sans aucune inimitié, sans aucune hostilité. J'ai simplement essayé de faire une mise au point. Je ne crois pas du tout que ce soit un ouvrage de revendication, de ressentiment, de complexe d'infériorité, comme on l'a insinué. Il y a dans ce livre une certaine passion, car le fait est que je trouve que la situation des femmes telle qu'elle est aujourd'hui est déplorable, à la fois pour les femmes et pour les hommes qui, d'ailleurs, s'en plaignent. Tout ça n'a rien d'un exposé abstrait. Ce n'est pas de ma faute si, en France en particulier, dès qu'on parle de femmes, on pense immédiatement « sexe ». La femme a été réduite par les hommes à être avant tout, et presque exclusivement, un sexe[1].

M. P. Elle a tout à fait raison de dire que ce n'est pas un livre de revendication. C'est vraiment la recherche des fondements des rapports hommes-femmes tels qu'ils ont été construits.

L. S. Simone de Beauvoir fait partie de ce que j'appelle les « Trois Simone ». Quand je demande aux femmes que j'interviewe leur modèle d'identification, quasiment toutes me répondent : Simone de Beauvoir, Simone Veil ou Simone Weil, la philosophe. N'y a-t-il que ces trois modèles ?

M. P. Ah non ! Les historiennes en ont fait surgir beaucoup d'autres. Mais je souscris, en ce qui me concerne, à cette triade. Les « Trois Simone » ont été pour moi très importantes. La première que j'ai découverte, c'est la

---

1. INA, 1949.

FEMMES PUISSANTES

philosophe : Simone Weil. *La Condition ouvrière*[1] est un grand livre qui correspondait à mes inquiétudes sociales. Simone de Beauvoir parle d'ailleurs du social. Pour elle aussi, ce dernier était très important. Il faut voir à quoi ressemblaient les années 1950, l'après-guerre ! C'était alors la reconstruction, les difficultés de tous ordres. La France était pauvre ; nous n'en avons plus idée aujourd'hui, car le pays est bien plus riche. Or le social, à cette époque, était un sujet d'autant plus important qu'on demandait aux ouvriers de travailler, de produire (dans les mines, la métallurgie) dans des conditions et pour des salaires très médiocres.

L. S. Et Simone Veil, que tout le monde connaît ?

M. P. C'est une femme extraordinaire. Je l'ai rencontrée à l'occasion de réunions, notamment à l'époque où, au Rwanda, les massacres des Tutsis culminaient. Alors que nous en parlons, je lui dis : « Mais c'est terrible, cette lutte entre les Hutus et les Tutsis ! » Et elle me répond : « Mais pas du tout ! Ce ne sont pas deux ethnies qui s'étripent, c'est un génocide contre les Tutsis ! » Je ne suis pas certaine, d'ailleurs, qu'elle ait employé à ce moment-là le mot « génocide ». Mais elle l'a dit plus tard. À raison, elle considérait que les Tutsis étaient massacrés.

L. S. C'était un génocide préparé. Comme ce qu'elle avait vécu à Birkenau.

---

1. Gallimard, 1951. Disponible dans la collection « Folio ».

M. P. Oui, exactement.

L. S. Voici ce que l'écrivaine Benoîte Groult dit des modèles féminins qui lui ont manqué :

> Ça m'a beaucoup manqué dans l'histoire de France, dans l'histoire sainte et dans la littérature. Au fond, mes modèles, c'étaient Blanche-Neige, Cendrillon, la Belle au bois dormant, qui ne se réveille que quand le Prince charmant l'embrasse ; le genre poupée Barbie. Comme héroïnes glorieuses, il y avait Jeanne d'Arc et la Sainte Vierge ; c'est-à-dire, pour cette dernière, une femme qui n'était pas une femme selon la conception miraculeuse ; et Jeanne d'Arc, qui a quand même eu un destin dissuasif. Mais où étaient les grandes femmes de l'Histoire à qui ressembler ? Du côté de la littérature ; George Sand était considérée comme une dévoreuse d'hommes – un très mauvais exemple ! –, Simone de Beauvoir aussi. En outre, elle n'a écrit qu'en 1949, ce n'était pas un modèle pour ma jeunesse. Où était la grande femme à qui m'identifier ? Il n'y en avait pas[1].

M. P. Je suis ravie d'entendre la voix de Benoîte Groult. C'était une amie très chère. Tout ce qu'elle a dit là est totalement vrai. Elle l'a exprimé avec son humour à elle. Entre Jeanne d'Arc et la Sainte Vierge, on était bien parties !

L. S. Elle cite George Sand, une femme qui a une importance spéciale pour vous. En clair, elle emmerde tout le monde !

---

1. « À voix nue », France Culture, 2003.

M. P. Ah oui ! Pour moi, George Sand fait partie des modèles. Chose curieuse : dans ma jeunesse, je ne lisais pas ses romans, car j'avais un préjugé vis-à-vis d'eux. Je pensais qu'ils étaient ennuyeux, que c'était de la littérature guimauve. J'ai découvert George Sand pour des raisons privées. Sa maison à Nohant est un lieu merveilleux. Quand on la visite, on sent sa présence. Puis, en tant qu'historienne, j'ai lu ses œuvres. *Histoire de ma vie* est l'un des grands textes autobiographiques du XIXe siècle. C'est absolument formidable ! Tout comme sa correspondance, composée de milliers de lettres écrites à toute la terre : Frédéric Chopin, Franz Liszt, Gustave Flaubert, Alfred de Musset, et des centaines d'autres personnes. Ouvrir sa correspondance, c'est voir palpiter le XIXe siècle, c'est entrer dans son quotidien. George Sand s'est imposée à moi. Je n'ai ensuite cessé de la chercher, de la revoir. J'ai aussi écrit sur elle et sur sa maison. Je l'aime énormément.

L. S. Y a-t-il une autre femme puissante ou une femme forte dans l'Histoire qui a compté pour vous ?

M. P. Flora Tristan. Elle est née en 1803, morte en 1844. Voilà une femme singulièrement libre. Elle a été mariée à un homme qui la battait. À l'époque, elle ne divorce pas, car cela n'existe pas encore, il faudra attendre 1884. Elle se sépare, lui intente un procès et s'en va au Pérou chercher un héritage – Flora Tristan était d'origine péruvienne. C'est une femme extraordinaire. Elle n'écrit pas comme George Sand, elle est plutôt journaliste. Elle part ensuite en Angleterre, la terre du capitalisme. Socialiste d'alors, elle écrit *Promenades dans Londres*, qui paraît en 1840, un livre très vif qu'on lit comme un reportage et qui n'a pas pris une ride.

L. S. Michelle Perrot, qu'est-ce qu'être féministe?

M. P. Être féministe, c'est vouloir chercher obstinément la liberté et l'égalité pour les femmes. Autrement dit, c'est reconstruire les relations entre les hommes et les femmes – parce que cela concerne évidemment les hommes. En tant qu'historienne, ce qui m'intéresse, c'est de faire émerger ce qui est caché depuis le commencement du monde. Comme les femmes, par exemple.

L. S. Aujourd'hui, les études sur les femmes et les études féministes sont un phénomène de mode. On le voit partout: dans les librairies, les universités, les médias. Comment regardez-vous cela? Avec ironie? Amusement?

M. P. Avec beaucoup de sympathie et d'intérêt. Je reçois et je lis beaucoup de livres publiés sur le sujet. D'un autre côté, je me dis parfois qu'il faut faire attention à l'effet de mode: est-ce que les gens ne vont pas finir par se lasser? En avoir marre? Se dire: «Oh! encore le féminisme!» Il faut faire attention, éviter l'effet de saturation. Ce serait bien que les gens comprennent que le féminisme peut être intéressant pour tout le monde. Et qu'il n'exclut personne.

MICHELLE PERROT

L. S. Il y a, aujourd'hui, un affrontement entre les féministes de la jeune génération et leurs aînées. Les premières sont plus radicales et vouent les plus anciennes aux gémonies, en s'invectivant par médias interposés. Pour schématiser, je dirais qu'il y aurait Élisabeth Badinter d'un côté et Virginie Despentes de l'autre. Quel regard portez-vous sur cette guerre à l'intérieur même des mouvements féministes?

M. P. Le féminisme a toujours été pluriel. Les débats entre les femmes ne datent pas d'aujourd'hui. Et c'est normal: les problèmes posés par les femmes (et par les hommes aussi) sont des problèmes difficiles. Qu'il y ait des opinions différentes ne me gêne pas. En revanche, je regrette qu'on en vienne à l'invective, à la dénonciation ou à la *cancel culture*[1]. Je n'aime pas cette dernière, car elle consiste à effacer. L'Histoire est tout le contraire. Quand il y a effacement de quelque chose, il y a un risque considérable. Par contre, je suis pour l'intersectionnalité. C'est quelque chose que nous avons toujours pratiqué. Quand on a commencé, nous nous disions: «Attention, ce n'est pas la même chose d'être une femme bourgeoise, une femme ouvrière ou une femme paysanne.» Il faut croiser le social et le sexuel.

L. S. Et la race?

---

1. Ou «culture de l'annulation». Née aux États-Unis, cette pratique consiste à dénoncer des individus ou des institutions pour des propos perçus comme inacceptables.

M. P. Bien entendu. Alors qu'on ne le disait pas tant que ça dans les années 1970, c'est aujourd'hui quelque chose de central. Les femmes « racisées » sont beaucoup plus présentes, et il faut s'en réjouir. Il n'est pas étonnant qu'elles apportent un autre regard, une autre parole. Et c'est tant mieux. Il faut faire une distinction entre la découverte des différences, qui est un enrichissement considérable (que, pour ma part, j'ai toujours recherché), et le fait de transformer ces différences en identité. Là aussi, il y a un risque.

L. S. Y a-t-il un risque identitaire avec les jeunes féministes intersectionnelles ?

M. P. Il m'arrive de le constater.

L. S. Vous êtes une icône pour ces jeunes féministes-là. Beaucoup se réclament de vous. Quand elles considèrent l'ancienne génération de féministes, elles rejettent en revanche Élisabeth Badinter.

M. P. Alors là, je tire ma chaise. Je n'ai rien à dire là-dessus. Élisabeth Badinter est une pionnière, une amie, et il se trouve que nous ne pensons pas la même chose sur tout. Je pourrais citer d'autres femmes que j'aime énormément et avec lesquelles je ne suis pas en accord. On en discute ! Il ne faut pas interdire le débat, la discussion.

L. S. Quand vous cofondez le Groupe d'études féministes (GEF) à Paris-VII, il y a déjà une discussion pour

MICHELLE PERROT

savoir s'il doit être mixte ou non. Vous, vous défendez le fait que les garçons puissent assister à vos réunions. Finalement, la majorité l'emporte et les réunions seront non mixtes, uniquement composées de femmes. *A posteriori*, est-ce que c'est quelque chose que vous regrettez?

M. P. Pas du tout. Je pense que mes amies avaient raison. Moi, je réagissais déjà comme quelqu'un d'un peu plus âgé, qui par ailleurs avait beaucoup d'étudiants. Ainsi, je me disais: «Mais pourquoi ne pourraient-ils pas venir?» Et elles avaient raison, c'était quelque chose d'important. À cette époque-là, on abordait des problèmes intimes comme la contraception, l'avortement, et la sexualité; dans ce domaine-là, nous avancions sur la pointe des pieds, nous étions encore très timides. Comment parler de tout ça devant des hommes? On aurait senti leur regard. Au fond, est-ce que les garçons le souhaitaient? Peut-être pas tant que ça.

L. S. Est-ce que recherche et militantisme font bon ménage? Parvient-on à garder sa rigueur scientifique sur un sujet aussi intime?

M. P. Pour ma part, je me suis toujours méfiée du militantisme. Les ouvriers n'ont pas toujours raison. On découvre aujourd'hui les problèmes que pose le peuple. Ce dernier ne détient pas nécessairement les clefs d'un modèle politique souhaitable. Ainsi, les femmes, elles aussi, n'ont pas toujours raison. On peut très bien voir incarner un idéal politique par une femme qui introduirait une manière beaucoup plus totalitaire de gouverner. Autrement dit, il faut être extrêmement nuancé dans ces domaines-là. Le militantisme ne doit jamais effacer la rigueur et la recherche de la vérité. L'Histoire, c'est une recherche de vérité qu'on ne détient pas, et qu'on cherche toujours. Mais cela n'empêche pas de s'enthousiasmer pour la cause des femmes.

L. S. Venons-en maintenant à #MeToo. Pour l'écrivaine Annie Ernaux, cette libération de la parole des femmes a été une véritable révolution. Écoutons-la :

> C'est un grand tournant. Je n'ai jamais perçu une telle détermination de la part des femmes, à une échelle presque mondiale, depuis les années 1970. Surtout après des années de reflux – les années 1990 – où se dire féministe était pratiquement impossible, car on vous regardait comme un dinosaure. C'est une phrase que je me souviens d'avoir écrite dans mon journal : « Je crois que je mourrai sans avoir vu la révolution des femmes. » Le mouvement #MeToo a donc été pour moi comme une grande lumière, une déflagration que je n'attendais plus[1].

M. P. Je suis entièrement d'accord avec ce que dit Annie Ernaux, que je salue. Je pense qu'elle a raison.

L. S. Mais vous préférez dire : « C'est une déflagration, mais pas une révolution. Pas encore. » Elle, elle dit que *c'est* une révolution.

---

1. « L'Invité de 7 h 50 », dans la matinale de France Inter, 2019.

M. P. C'est une question de mots. Pour qu'il y ait révolution, il faut aller encore beaucoup plus loin. Françoise Héritier, qui ne s'est jamais revendiquée comme féministe sauf à la fin de sa vie, qualifiait #MeToo de « révolution copernicienne ». Elle considérait, par conséquent, que la honte avait changé de camp. Finalement, deux femmes féministes et engagées considèrent que #MeToo est tout simplement très important. Et c'est ce qu'il faut retenir. Elles ont notamment raison sur deux points : il y a une mondialisation de ce mouvement, et elle est liée aux techniques de communication d'aujourd'hui – les réseaux sociaux.

L. S. D'ailleurs, vous ne fréquentez pas les réseaux sociaux ?

M. P. Pas tellement. Comme beaucoup de choses, il y a toujours un effet positif et un effet négatif. Dans le cas de #MeToo, leur effet est positif.

L. S. Moi qui ai un peu plus de quarante ans, j'ai remarqué que ma génération s'est retrouvée prise en étau entre la vôtre – nos aînées qui se sont mobilisées dans les années 1970 – et les jeunes générations, qui sont beaucoup plus revendicatrices et engagées. J'ai le sentiment que ma génération a été un peu endormie et avait globalement – je ne parle bien évidemment pas pour tout le monde – un peu honte d'être féministe. Nous avons mis du temps à comprendre l'importance de ce combat.

MICHELLE PERROT

Annie Ernaux a raison de parler d'une régression ayant eu lieu dans les années 1990.

M. P. Annie Ernaux a raison quand elle dit que se proclamer féministe dans les années 1990 vous exposait à la moquerie. Dans ces années-là, il y a effectivement eu un véritable reflux, une régression très nette, car on avait le sentiment que c'était gagné, que nous avions obtenu les choses importantes. En réalité, non. Beaucoup restait encore à faire, notamment dans le domaine politique.

L. S. Élisabeth Badinter dit craindre « une guerre des sexes ». Elle déclare en avoir assez du « féminisme victimaire » et ne veut pas que les femmes soient assignées à un statut de victime. Est-ce que cela vous parle ? Avez-vous envie de la contredire sur ce point ?

M. P. Deux choses. D'abord, je la comprends. En travaillant sur l'histoire des femmes, la notion de victime n'était pas nécessairement ce que je recherchais. On préférait les figures positives. On travaillait plutôt sur les actions des femmes, comment est-ce qu'elles s'étaient débrouillées pour acquérir telle ou telle chose. De ce point de vue, je comprends complètement Élisabeth Badinter. D'un autre côté, il ne faut pas nier le fait que cette situation de victime est bien réelle. On le constate avec les féminicides. Il y a, en France, une véritable violence exercée sur les femmes. Et bien plus encore dans d'autres pays comme l'Amérique latine, où le machisme est complètement débridé. Et que dire aujourd'hui de l'Afghanistan.

Il ne s'agit donc pas de *pleurer* sur les femmes victimes, mais de *comprendre* – ce que fait Élisabeth Badinter – pourquoi cette situation existe. C'est la fameuse question de la domination masculine. Un axe de réflexion sur lequel Simone de Beauvoir a d'ailleurs été très importante. Et qui s'est considérablement développé depuis. Le féminisme est aussi une pensée.

L. S. Vous avez récemment dit, dans un article publié dans *Le Monde*, qu'il y avait une « crise de l'identité masculine ». Qu'est-ce que cela signifie ?

M. P. Je me demande souvent comment est-ce que les hommes vivent tout cela. Étant donné la position prépondérante qu'ils avaient et qui était pour eux « naturelle », ils ne peuvent expérimenter cela que comme une perte ou une régression. Mais il faut qu'ils s'aperçoivent – les plus jeunes le font déjà – qu'ils gagnent aussi quelque chose à ce changement, en ayant d'autres rapports amoureux, sexuels ou dans le travail avec les femmes. Mais tous ne le font pas. Aujourd'hui, on constate une espèce de virilisme terrible. Cela me sidère.

L. S. C'est-à-dire ?

M. P. Dans le sport, par exemple. Dans les compétitions de toutes sortes. On a parfois le sentiment que les hommes en ont marre, et que la virilité doit s'affirmer à tout prix. Il y a une différence de perception dans les générations. Les jeunes hommes se posent beaucoup de questions. Les uns pour rejeter tout ça, l'émancipation des femmes; les autres pour s'interroger véritablement.

L. S. Un mot sur la féminité. Voici ce que dit Laure Adler des femmes de pouvoir, notamment en politique:

> Quand une femme entre en politique, elle doit – à l'exception de très rares exemples – obligatoirement refouler en elle toutes ses capacités de séduction. Et devenir une sorte de moine-soldat au service de tous les citoyens*.

L. S. Êtes-vous d'accord avec elle? En accédant au pouvoir, les femmes ont-elles tendance à gommer leur féminité?

M. P. Cela a été assez vrai. Le temps passant et les femmes devenant plus nombreuses, le style s'est tout de même décontracté. À la vérité, je m'interroge sur ce qu'on appelle les « codes de la féminité ». Qu'est-ce que c'est, au fond, les « codes de la féminité »?

L. S. C'est la question que j'allais vous poser.

M. P. La théorie *queer* de Judith Butler – qu'elle rejette plus ou moins désormais, il faut donc faire attention –, c'est la troisième voie: ni homme, ni femme, mais *autre*. Le philosophe Jacques Derrida disait: « Ni un, ni deux, mais trois. » Hannah Arendt affirmait aussi cela: il faut cesser d'opposer le Noir, le Blanc, il faut *inventer quelque chose.* Le féminisme ne doit pas être seulement critique, mais inventif.

L. S. Les femmes, dites-vous, s'interrogent de plus en plus sur la complexité et l'ambiguïté des relations de séduction et de pouvoir. Comment analysez-vous cette ambiguïté? Cela signifie-t-il que, pour être vraiment puissante, une femme doit devoir arrêter de séduire?

M. P. Oui. Si on accorde à la séduction sexuelle la première place, on va réduire l'angle d'attaque. Cela ne veut pas dire qu'on n'exerce pas une certaine séduction au sens *très large* du terme. Il ne faut surtout pas être prisonnier de l'idée selon laquelle une femme doit rester féminine.

L. S. Mais n'est-ce pas ce que vous disait votre mère: « Reste féminine » ?

M. P. Oui, elle me disait ça. Ma mère était infiniment féminine.

L. S. Quand vous lui avez dit que vous vouliez faire de l'histoire, elle a eu peur que vous ne terminiez en « vieille fille mal habillée », écrivez-vous.

M. P. Absolument! Elle avait été élève au lycée Fénelon, à Paris, au début du XXᵉ siècle et en était très fière. Mais elle me disait: « Mes professeures étaient toujours habillées en noir, elles avaient des chignons! » Ma mère ne voulait pas de ça pour moi. Mon père, lui, affirmait le contraire : « Surtout, ma petite fille, ne te mets pas trop tôt un homme sur le dos. »

L. S. Mais vous ne l'avez pas écouté, vous vous êtes mariée jeune.

M. P. À vingt-cinq ans, j'avais quand même déjà fait beaucoup de choses !

L. S. Votre père était-il féministe ?

M. P. Mon père était féministe, mais ce mot l'aurait agacé. Il n'aimait pas du tout les mots en *-isme* ou *-iste*. Tout cela le gênait profondément.

L. S. Mais il était quand même « fantaisiste et anticonformiste », dites-vous. Deux mots en *-iste* !

M. P. Oh oui ! Il citait un roman de Sinclair Lewis dans lequel une femme médecin a un amoureux. L'histoire se passe aux États-Unis, dans les années 1920. Son amoureux lui dit en substance : « Si tu m'aimes, renonce à ton métier[1]. » Ce à quoi elle répond : « Non. » Mon père me disait : « Il faut que tu fasses comme elle. »

L. S. Michelle Perrot, je demande à chaque femme que j'interroge de choisir un objet qui incarne pour elle la puissance. Lequel avez-vous apporté ?

---

1. *Arrowsmith*, 1925.

M. P. J'ai choisi un objet qui n'incarne pas, mais alors pas du tout la puissance ! Il s'agit d'un tableau que mon père aimait beaucoup. Il est ovale. Au milieu, il y a un joli lac, un cyprès. Au pied de ce dernier, on aperçoit, de chaque côté, des genoux, visiblement ceux d'un couple. Un couple de cavaliers qui ont attaché leurs chevaux qui s'embrassent, comme eux sans doute. Pour mon père qui aimait les chevaux – il aurait voulu être entraîneur –, ce tableau était le symbole de la liberté et de l'amour. Il me l'a légué. Je l'aime beaucoup.

L. S. Votre père vous a marquée. Si vous êtes devenue telle que vous êtes, est-ce parce qu'il vous a encouragée ?

M. P. Oh oui, certainement ! Mais ma mère aussi. Seulement je ne l'ai vu que plus tard.

L. S. J'ai remarqué que la figure du père, chez pratiquement toutes les femmes que j'ai interviewées, est plus importante que celle de la mère. Encouragées ou empêchées par ce dernier, elles se sont construites en fonction de lui.

M. P. Comment voulez-vous qu'il en soit autrement ? Ce sont justement les hommes qui sont puissants. Ils détiennent les clefs du savoir, du pouvoir. Et, dans un couple – surtout de ma génération –, c'est encore eux qui dominent. Bien que mon père ait été très égalitaire, je crois qu'il y a des choses qu'il ne voyait pas.

L. S. Pensez-vous que c'est en train de changer ? Qu'un enfant, aujourd'hui, peut se définir en fonction de sa mère tout autant qu'en fonction de son père ?

M. P. Certainement. Cela vient aussi du fait qu'il y a eu, depuis un demi-siècle, une libération des femmes à tous points de vue. Elles travaillent, elles construisent des modèles, elles ont des ambitions. Et peut-être faut-il qu'elles rêvent de devenir aussi des « femmes puissantes » ? Sans oublier tout ce qu'elles peuvent apporter de différent.

L. S. Aujourd'hui, peut-on tout avoir comme un homme : une carrière, une vie amoureuse, une vie de famille sans faire de sacrifices ? Ou faut-il qu'on bosse deux fois plus pour tout ?

M. P. Tout ce que vous évoquez est désormais possible pour un certain nombre de femmes. Mais, pour la majorité d'entre elles, ce n'est pas encore vrai. L'égalité n'est pas encore réalisée. À travail égal, il y a toujours 12 % de différence de salaire entre les hommes et les femmes. Surtout, les femmes ne font pas les mêmes formations que les hommes. Les différences sont telles qu'elles ont tendance à choisir des chemins de traverse parce que c'est encore difficile, que ce n'est pas « fait pour une femme », etc. Non, les choses ne sont pas réglées. Et les jeunes féministes ont encore beaucoup de travail.

L. S. Il y a un autre sujet sur lequel nous ne sommes pas encore tout à fait égaux, mais sur lequel nous sommes

MICHELLE PERROT

peut-être en train de tendre vers l'égalité, c'est notre rapport au temps qui passe et à la vieillesse. Il y a encore quelques années, une femme ne valait globalement plus rien à cinquante ans passés. Est-ce que vous avez vu les choses évoluer ?

M. P. Oui, les femmes de cinquante et de soixante ans se sentent souvent bien mieux dans leur peau qu'avant, surtout quand elles ont eu une belle carrière et qu'elles ont une retraite convenable. Il faut garder cela en tête. Les femmes de ces âges-là sont actives et assouvissent souvent des désirs qu'elles n'auraient pas pu satisfaire avant.

L. S. La vie sexuelle des femmes (et des hommes d'ailleurs) après soixante ans reste quand même un sujet un peu tabou, non ?

M. P. C'est encore un sujet tabou, mais qui tend à l'être de moins en moins. Je vois beaucoup de femmes d'une soixantaine d'années n'hésitant pas, surtout si elles ont connu des déceptions avant, à s'embarquer dans des aventures, y compris avec des hommes plus jeunes qu'elles.

L. S. Cela vous est-il arrivé ?

M. P. Non.

L. S. Avez-vous été une grande amoureuse, vous qui vous êtes mariée à vingt-cinq ans ?

M. P. Oui, mais je n'aime pas trop parler de ça. C'est mon jardin secret. J'ai épousé l'homme de ma vie et il est toujours là.

L. S. Vous avez une fille. Avez-vous été une mère progressiste ?

M. P. J'ai été une mère très libérale.

L. S. Trop ?

M. P. Je ne pense pas. Mon mari était plus inquiet que moi devant l'émancipation des filles. Il avait tendance à regarder, à être rigoureux, à poser des questions. Je lui disais : « Mais non, laisse-la… »

L. S. Aujourd'hui, êtes-vous fière de votre fille ?

M. P. Ah oui ! Elle est formidable. Ma fille est inspectrice générale des finances, et a été vice-présidente du Conseil de la concurrence pour ne parler que de sa carrière. Elle a fait beaucoup, beaucoup de choses.

L. S. Les femmes qui assument ne pas vouloir d'enfants sont encore mal vues par la société. Là aussi les choses changent, mais plus doucement. Dans la tête de beaucoup de gens, une femme reste programmée pour procréer…

M. P. Quand on voit un couple sans enfants, il est vrai qu'on s'inquiète un peu. On reste marqués par l'idée de la procréation, de la maternité. Et l'enfant est une valeur montante de notre société. Jamais on ne l'a autant valorisé, aimé. Même si on ne le traite pas très bien. Je pense d'ailleurs que la cause des enfants mérite qu'on se batte pour elle.

L. S. Cette valorisation des enfants n'est-elle pas un peu excessive ?

M. P. De temps en temps, oui, peut-être. Une femme a parfaitement le droit de dire : « Je ne veux pas d'enfants. » Après tout, pourquoi pas ? Elle n'en sera pas moins une femme ! Les modèles doivent être multiples afin que les jeunes femmes puissent trouver ce qu'elles ont envie de faire. C'est très important.

L. S. Quels conseils donneriez-vous à une jeune femme de vingt ans ?

M. P. Je lui dirais : « Sois libre, réfléchis, choisis. Et sois intelligente. Ne fais pas n'importe quoi. »

L. S. Ça veut dire quoi : « Ne fais pas n'importe quoi » ?

M. P. Mesure les choses, choisis ton chemin, ne cède pas aux modes. Les choses ne sont pas si simples que ça, en définitive. Je crois qu'une jeune fille de vingt ans doit avoir en tête l'idée de la complexité. De l'imprévu aussi. Car la vie est longue. Cette jeune fille aura plusieurs vies. Tout est ouvert. C'est formidable. Bon vent.

« Je veux bien reconnaître

que j'ai mis

un petit coup de pied

dans la fourmilière. »

— Arlette Laguiller

Nous sommes en 1974, il y a une éternité, dans la France de Valéry Giscard d'Estaing et de Georges Pompidou. Une femme, Arlette Laguiller, se présente à l'élection présidentielle. C'est une première et une révolution. Elle rempilera six fois, porte-parole inlassable de la classe ouvrière. Elle va susciter la sympathie, parfois les moqueries et devient une vedette populaire chantée par Alain Souchon. Elle aura même sa marionnette aux « Guignols de l'info ». Insoumise, rebelle, elle aura toute sa vie durant été militante, « trotskiste forever ». Cela a commencé avec la première grande grève au Crédit lyonnais, au début des années 1970, alors qu'elle y était employée. Elle fera toute sa carrière dans cette banque. Aujourd'hui octogénaire, Arlette Laguiller n'a perdu ni sa fougue ni ses convictions, et nous a reçus au treizième étage d'une tour des Lilas, petite ville de la banlieue parisienne, où elle vit depuis toujours. On ne quitte pas son enfance.

LÉA SALAMÉ

Arlette Laguiller, si je vous dis que vous êtes une femme puissante, que me répondez-vous ?

ARLETTE LAGUILLER

Je ne pense pas être une femme puissante. Je pourrais représenter la puissance si les travailleurs se mettaient en lutte. Ce serait alors la puissance de la classe ouvrière, de mon camp. En soi, ce n'est pas parce que j'ai fait de la politique que je suis une femme puissante.

L. S. Tout de même : en 1974, au milieu de la grande grève au Crédit lyonnais, vous devenez porte-parole du mouvement. Tout le monde vous remarque. Vous allez même faire plier la direction. À ce moment-là, vous êtes-vous sentie puissante ?

A. L. La grève a duré deux mois. Chaque jour, je prenais la parole devant les grévistes avec la boule au ventre. Ce n'était pas que moi que j'engageais, mais des femmes et des hommes qui, tout en étant prêts à se battre, avaient des familles à nourrir, des difficultés. Ce n'est pas de la puissance que j'ai ressentie, mais un sentiment de responsabilité. Ce que je disais définissait l'orientation de notre grève, que je voulais démocratique. Le plus important, c'était le nombre de grévistes, le fait qu'ils aient tenu aussi longtemps.

L. S. La France dans laquelle vous naissez n'accorde pas encore le droit de vote aux femmes. Trente ans plus tard, vous êtes la première femme à vous présenter à l'élection présidentielle. Symboliquement, n'est-ce pas quelque chose de puissant?

A. L. Je veux bien reconnaître que j'ai mis un petit coup de pied dans la fourmilière. Ce qui est curieux, c'est que, en 1974, après ma première intervention dans laquelle je déclarais être, en tant que femme, candidate à l'élection présidentielle dans cette République d'hommes, dès le lendemain, tous les autres candidats se sont mis à parler des femmes. Ce sujet était absent de leur propagande de campagne; mais là, d'un coup, les femmes devenaient, sinon puissantes, du moins importantes.

L. S. Vous êtes donc un vecteur de la puissance des femmes. Vous y avez contribué.

A. L. C'est vrai, j'y ai contribué.

L. S. Quand vous présentez votre candidature en 1974, avez-vous conscience de transgresser l'ordre établi? D'engager une action historique?

A. L. Non. À l'époque, je suis heureuse qu'il y ait enfin une femme, et fière que ce soit moi. Je suis fière, aussi, de mon parti, Lutte ouvrière: après tout, cela aurait pu être un homme ou une autre femme que moi. Le fait qu'on ait choisi une femme me rend alors fière de militer dans un tel parti. Ce n'était d'ailleurs pas une évidence. Il y avait deux femmes, moi et une camarade qui travaillait dans la chimie, et un homme, qui était chez Renault. Et le choix de mes camarades s'est porté sur moi.

L. S. Est-ce que ça vous a fait peur?

A. L. Pour me faire peur, oui, ça m'a fait peur! Non pas par rapport aux responsabilités à exercer (je n'ai jamais eu peur de m'impliquer), mais par rapport aux médias. Jusqu'alors, je n'étais jamais passée à la télévision. À part une fois, en 1973, pour représenter Lutte ouvrière et ses 171 candidats aux élections législatives.

L. S. Nous avons justement retrouvé un extrait d'une de vos premières apparitions à la télévision, lors du journal de 13 heures de l'ORTF, en 1973: «Les femmes subissent une double exploitation. La "double journée de la femme", ce n'est pas une formule pour les élections, c'est une réalité quotidienne. Non seulement, les femmes se lèvent encore plus tôt que les hommes pour préparer les enfants ou finir le ménage, laver, repasser ou faire ce qu'elles n'ont pas eu le temps de faire la veille, mais, quand elles rentrent le soir, c'est la hantise de faire les courses, le repas, etc. C'est ça la vie de la femme travailleuse.» La «double journée des femmes», disiez-vous. C'était précurseur.

A. L. J'ai découvert que, maintenant, on appelle ça la «charge mentale».

L. S. Rêviez-vous, enfant, d'être présidente de la République ?

A. L. Alors là, pas du tout. Je rêvais juste de m'en sortir, de sortir ma famille de la difficulté, de trouver un emploi. Mais pas d'être présidente. C'est quelque chose que j'ai assumé parce qu'il est très difficile, pour une petite organisation comme Lutte ouvrière, de faire connaître au moins une de ses figures. La répétition de ces candidatures a, en quelque sorte, fait ma notoriété. Si je ne m'étais présentée qu'en 1974, tout le monde m'aurait oubliée. La constance avec laquelle mon organisation a tenu à ce qu'une femme continue à la représenter a fait qu'on me connaît un peu aujourd'hui.

L. S. À quel moment avez-vous compris cette notoriété, et que vous étiez même devenue une sorte de vedette ?

A. L. Dès la campagne de 1974, j'ai senti que ma vie ne serait plus jamais comme avant. Ce n'est pas tant le rapport à la notoriété, mais c'est vrai qu'on me reconnaissait dans la rue et que je devais faire un peu plus attention que d'habitude, y compris sur le plan de ma sécurité. Plein de choses me sont tombées dessus, en quelque sorte.

L. S. Vous avez été six fois candidate à l'élection présidentielle, avec des résultats qui ont varié entre 2 % et presque 6 % en 1995 et en 2002. Même si obtenir plus de 5 % des voix est considéré comme un bon résultat, globalement, vos résultats électoraux n'ont jamais été faramineux. Cela n'a-t-il pas entamé votre confiance en vous ?

A. L. Non. Pour une organisation révolutionnaire qui propose de renverser la société capitaliste pour en construire une autre, c'était un sacré encouragement à continuer le combat. Cela nous a incités à le continuer dans les entreprises, dans les quartiers, etc. En 1995, j'ai même fait appel à mes électrices et électeurs pour qu'ils me rejoignent dans ce parti qu'on essayait de construire avec eux. Mais je reconnais que ça n'a pas eu beaucoup de succès. En tout cas, pas assez pour qu'on franchisse un cap et qu'on devienne un parti vraiment implanté dans toutes les entreprises et dans toutes les villes.

L. S. À chaque femme que j'interviewe, je demande d'apporter un objet qui incarne, pour elle, la puissance des femmes. Lequel avez-vous choisi, Arlette Laguiller ?

A. L. J'ai choisi une photo de femmes travaillant dans le textile, à Petrograd – aujourd'hui Saint-Pétersbourg. C'est le début de la révolution russe de 1917, mais personne ne le pressent vraiment. On voit toutes ces femmes défiler. Dans un premier temps, elles manifestent seules, puis envoient des déléguées chercher des hommes mécanos pour les convaincre de les rejoindre. Les cosaques, au début, n'ont pas tiré sur ces femmes, ce qui est assez extraordinaire. Dès le lendemain, dans tous les faubourgs de Petrograd, les ouvrières et ouvriers de toutes les usines descendent dans la rue. C'était donc le début de la révolution russe de 1917, où tout est parti des femmes. Ce sont vraiment elles qui ont eu le courage de manifester.

L. S. Est-ce que vous diriez qu'il y a une manière féminine d'exercer le pouvoir ?

A. L. Je ne le crois pas. J'ai des camarades hommes qui ont mené des mouvements sociaux importants et qui ont, à mon avis, aussi bien dirigé que j'ai moi-même essayé de le faire. C'est-à-dire de façon démocratique. Nous sommes des militants et militantes révolutionnaires et, ce qui compte pour nous, c'est que la population prenne elle-même son sort en main. Que ce soient les ouvriers qui dirigent leur grève jusqu'au bout.

L. S. Le chanteur Alain Souchon, lui, trouve que vous avez votre propre manière de faire de la politique : en 1993, il vous a dédié une chanson, « Arlette Laguiller ». Est-ce que ça vous a fait plaisir ? Qu'est-ce que vous en avez pensé ?

A. L. J'ai trouvé un petit côté paternaliste à cette chanson. Je n'avais bien sûr pas sollicité Alain Souchon. Je l'ai touché humainement mais pas convaincu politiquement. Par ailleurs, l'image que j'avais, notamment à la télévision, était celle d'une aboyeuse. Il y eut même le fameux épisode du colonel Bigeard qui disait : « Il faut la marier avec un parachutiste, ça va la calmer. » Je n'avais pas l'impression d'être quelqu'un qui apparaissait comme doux, ainsi qu'Alain Souchon l'a chanté. Alain Souchon et moi en avons parlé et nous ne sommes pas quittés fâchés. Et, même si je n'avais pas été vraiment satisfaite de la chanson qu'il avait écrite sur moi, jamais je n'aurais essayé de la censurer. C'est courant de dire que les idées révolutionnaires sont ringardes, surtout de la part de gens qui croient à quelqu'un qui est né il y a plus de deux mille ans. Ce ne sont pas ces idées qui sont anachroniques et ringardes, mais la façon dont la société évolue en mal. Voilà ce qui, au XXIe siècle, n'est pas normal.

L. S. Vous n'êtes donc pas « gentille », Arlette Laguiller ? Ni ringarde ?

A. L. Ça dépend avec qui. Je peux être très gentille comme très en colère. En tout cas, je suis combattante.

L. S. Pourquoi n'avez-vous pas réussi à convaincre plus de gens ? Est-ce parce que les Français ne sont pas prêts pour la révolution ?

A. L. J'en ai convaincu un peu, mais pas beaucoup. On reste quand même un petit parti, une petite organisation. Ce n'est pas faute de se présenter aux élections. Nous sommes présents, nous avons des soutiens, des adhérents. Je ne sais pas si ce sont les Français en général qui ne sont pas prêts ; c'est la classe ouvrière quelle que soit son origine qui, actuellement, est plutôt un peu abasourdie et tétanisée. Les gens travaillent et la vie est difficile, la période n'est pas propice au combat.

L. S. Ségolène Royal raconte qu'on la prenait pour une cruche quand elle faisait ses campagnes. Anne Hidalgo dit que la politique est un univers construit sur des codes faits par des hommes, pour des hommes, et qu'elle a souffert d'un procès en illégitimité. Avez-vous vécu la même chose ?

A. L. Je ne sais pas de qui elles parlent. Est-ce qu'on les prenait pour des gourdes dans leur parti ? Sans doute. Pour ma part, je n'ai pas eu à subir ça, car, au contraire, j'avais tout le soutien de mes camarades. Je ne me suis jamais sentie contestée, ni mise en défaut. Je n'ai jamais souffert du sexisme.

L. S. Jamais ?

A. L. Jamais. Lutte ouvrière est sûrement une incongruité. Même si, comme dans beaucoup de partis, il n'y a que 30 à 35 % de femmes, Lutte ouvrière a toujours œuvré pour qu'elles ne soient pas cantonnées à taper à la machine ou à servir le café des hommes, quand eux parlent. Cela bien avant la loi sur la parité. Ce parti a toujours propulsé les femmes en avant en leur disant : « Mais, vas-y ! Tu feras aussi bien qu'un homme. » C'est vrai, il faut encore parfois pousser les femmes, car nous vivons depuis des siècles dans un système patriarcal et qu'il est encore difficile, pour ces dernières, d'oser se mettre en avant. Certes, nous avons progressé et la jeune génération est beaucoup plus affirmée. Quand je vois Nathalie Arthaud[1], je me dis qu'elle assume très bien son rôle.

L. S. Vous n'avez pas souffert du sexisme au sein de Lutte ouvrière. Mais qu'en est-il du regard de vos adversaires politiques? Depuis 1974, vous avez enchaîné les campagnes. Comment cela se passait-il avec Valéry Giscard d'Estaing, François Mitterrand, Jacques Chirac, Nicolas Sarkozy? Tous ceux que vous avez affrontés?

A. L. Vous savez, Léa Salamé, je n'ai jamais débattu avec tous les gens que vous citez. On ne m'a jamais invitée à la télévision face à ces «pointures». Jamais. En revanche, j'ai affronté Laurent Fabius, François Bayrou, Xavier Bertrand, etc. Et je n'ai jamais ressenti les effets du sexisme, mais plutôt ceux du mépris social. J'ai entendu des choses comme: «Ah! si vous aviez créé une entreprise, vous verriez ce que c'est qu'être patron. Vous ne savez même pas de quoi vous parlez.» Comme si les travailleurs ne savaient pas de quoi ils parlaient! Un jour, j'ai lu dans *Le Figaro*: «Elle est sûrement très bonne dactylo, mais qu'elle reste à sa place.» Voilà, ce mépris-là est donc plus social que sexiste. Cela dit, il se trouve que c'étaient toujours les femmes qui se retrouvaient dactylos.

---

1. Porte-parole du parti Lutte ouvrière.

L. S. Justement, voici le genre de questions qu'on vous posait dans l'émission « L'Heure de vérité », en 1995 :

CHRISTINE CLERC — Avant de sortir d'ici, allez-vous enlever ce très léger maquillage qu'on vous voit pour la première fois ? Ou est-ce que vous allez le garder ?

ARLETTE LAGUILLER — Je ne sais pas, je n'y ai pas trop pensé. Écoutez, ce n'est pas de ça que j'espérais qu'on allait parler ici.

FRANÇOIS-HENRI DE VIRIEU — M. Fidel Castro est actuellement à Paris. C'est votre type d'homme ?

ARLETTE LAGUILLER — Je n'aime pas trop les barbus en général.

L. S. Que ressentez-vous à ce moment-là ? Nous sommes quand même en 1995, pas dans les années 1950 !

A. L. Je trouve qu'ils se ridiculisent eux-mêmes. Je crois que ça a d'ailleurs choqué les gens à l'époque.

L. S. Malgré la loi sur la parité, pourquoi les femmes sont-elles si peu nombreuses en politique, en particulier aux postes les plus importants ? Est-ce un monde trop violent ?

A. L. Un problème reste non résolu – en tout cas pour les femmes de la classe ouvrière ou issues d'un milieu modeste : ce sont elles qui continuent d'assumer l'essentiel des tâches, de la maternité à l'éducation des enfants. Bien souvent, c'est ce choix-là qu'elles font. C'est peut-être en train de changer chez les jeunes couples modernes.

En ce qui concerne ma propre expérience, j'ai toujours constaté que les femmes se retrouvaient coincées.

L. S. Selon vous, la maternité est-elle un frein à une carrière ou à un engagement politique ? Est-ce pour ça que vous n'avez pas voulu avoir d'enfants ?

A. L. La parité est peut-être effective pour les élections, mais pas pour l'éducation des enfants ou le partage des tâches ménagères. Nous n'y sommes pas du tout. Et c'est sans doute un peu pour cela que je n'ai pas voulu avoir d'enfants. Je n'ai d'ailleurs jamais vraiment eu de désir d'enfant. Je ne suis pas la seule dans ce cas : je connais des femmes, mais aussi des hommes, qui ne ressentent pas le besoin d'avoir des enfants.

L. S. Cela aurait-il pu entraver votre combat politique ? Vous empêcher de militer ?

A. L. Oui, bien sûr. Je n'ai pas fait d'études, je suis sortie de l'école avec le brevet élémentaire, qu'on appelle maintenant le brevet des collèges. J'ai dû beaucoup travailler pour acquérir une certaine compétence historique, politique, sociale, et même connaître toute l'histoire du mouvement ouvrier. Il a fallu que je me forme. Vous savez, j'avais vraiment envie qu'on réussisse et qu'on arrive à construire ce parti afin qu'il pèse dans la vie politique. Pour cela, l'investissement était continu, quasiment vingt-quatre heures sur vingt-quatre. Dans ces moments-là, vous ne comptez pas vos heures. Des gens veulent discuter avec vous, vous rejoindre, vous rencontrer. Dans mon cas, il n'y avait pas de place pour la maternité. Et puis je n'y pensais pas trop. Mais je ne parle que pour moi, car vous me posez la question. J'ai des camarades qui sont de très bonnes militantes tout en ayant réussi à élever des enfants. Pas de généralités.

L. S. Êtes-vous pour les quotas et la discrimination positive ?

A. L. J'ai longtemps été contre. Gisèle Halimi était désespérée de ne pas me convaincre de signer à ses côtés quand elle essayait de faire une loi pour la parité. « Non, me disais-je, les femmes sont aussi capables que les hommes. Qu'elles se battent pour y arriver. » Je voulais que les femmes soient des combattantes. Finalement, je me suis rendu compte qu'il n'y avait pas que Lutte ouvrière sur terre et que, dans beaucoup de partis, s'il n'y avait pas eu cette loi sur la parité, les femmes n'auraient pas été représentées dans les instances dirigeantes. Si j'avais été élue à l'Assemblée nationale, peut-être aurais-je finalement voté la loi. Mais, au début, cette idée me heurtait un peu. Moi, je ne veux pas de femmes qui pleurent, je veux des femmes qui se battent et dans tous les domaines.

L. S. « Pasionaria de Lutte ouvrière », « petite fiancée de Lénine », « starlette de la classe ouvrière », c'est ainsi qu'on vous surnommait dans les portraits de presse. Que pensez-vous de ces qualificatifs ? Sont-ils justes ? Ou faciles et condescendants ?

A. L. Ils sont surtout bêtes. « Fiancée de Lénine », « fiancée de Trotski », je les ai tous eus. Cela relève surtout d'un certain mépris pour les idées. On peut ne pas être d'accord avec Lénine ou Trotski, mais il faut reconnaître que c'étaient des pointures. Dans ma bibliothèque, j'ai toute l'œuvre de chacun d'eux, qu'on pourrait très bien relire aujourd'hui. Trotski était quand même un grand écrivain.

L. S. Pour vous, « Les Penn Sardin » de Claude Michel est la chanson qui incarne les femmes puissantes. C'est une chanson qui date de 1924 sur les « sardinières », ces ouvrières dans une conserverie de sardines. Pourquoi celle-ci en particulier ?

A. L. Parce que ce sont des femmes qui deviennent puissantes en faisant grève. Il y a des récits absolument terribles sur les conditions de travail de ces femmes. Elles n'étaient pas payées, vivaient toute la journée dans une odeur pestilentielle et n'en pouvaient plus. Nous sommes en 1924, soit sept ans après la révolution russe. Douarnenez est la première commune communiste en France. Les sardinières ont le soutien de la municipalité, ce qui va les aider, car la lutte va être très dure. En me documentant un peu sur la question, j'ai découvert une chose que j'ignorais : en face d'elles, c'étaient des capitalistes de Nantes qui avaient fait fortune grâce à la traite des Noirs et qui investirent ensuite dans la conserverie de sardines. Ils n'ont pas été plus tendres avec les femmes travailleuses qu'avec les Noirs dont ils faisaient commerce. Cette chanson me touche donc à divers titres.

L. S. Vous avez cité Gisèle Halimi. Est-ce l'un de vos modèles ?

A. L. Je l'aimais beaucoup. Elle a eu le courage de défendre les accusés du FLN[1], puis celui de faire reconnaître le viol.

L. S. En 1978, à Aix-en-Provence, un procès restera dans l'histoire de la lutte pour les droits des femmes, celui de l'affaire Tonglet-Castellano, du nom de deux femmes victimes de viol. Gisèle Halimi est leur avocate. Elle va criminaliser le viol et l'inscrire dans la loi. Gisèle Halimi va vous demander de venir témoigner à la barre.

A. L. Je suis allée dire qu'il fallait au moins autant de respect pour le corps des femmes qu'on en avait pour les coffres-forts des banques. Quand une banque était volée, la justice intervenait. Mais pas quand une femme se faisait agresser sexuellement. Je n'ai pas eu le temps de m'exprimer, on m'a tout de suite expulsée. Gisèle Halimi s'est précipitée pour me défendre contre les huissiers qui m'ont mise dehors.

---

1. Le Front de libération nationale est créé en 1954 pour obtenir de la France l'indépendance de l'Algérie.

L. S. Voici ce que déclarait Simone Veil à l'Assemblée nationale sur l'interruption volontaire de grossesse (IVG). Nous sommes en 1974 : « Je voudrais tout d'abord vous faire partager une conviction de femme – je m'excuse de le faire devant cette Assemblée presque exclusivement composée d'hommes : aucune femme ne recourt de gaieté de cœur à l'avortement. Il suffit d'écouter les femmes : c'est toujours un drame, cela restera toujours un drame. Actuellement, celles qui se trouvent dans cette situation de détresse, qui s'en préoccupe ? Combien sont-ils, ceux qui se sont préoccupés d'aider ces femmes dans leur détresse ? Combien sont-ils, ceux qui, au-delà de ce qu'ils jugent comme une faute, ont su manifester aux jeunes mères célibataires la compréhension et l'appui moral dont elles avaient un si grand besoin[1] ? » Avez-vous admiré Simone Veil ce jour-là ?

A. L. Évidemment, je l'ai admirée. Elle menait un combat que j'avais aussi mené avec bien d'autres personnes, avec des hommes presque autant qu'avec des femmes d'ailleurs. Des médecins hommes pratiquaient des avortements pour aider les femmes qui n'avaient pas les moyens d'aller en Hollande ou en Angleterre. Ils se sont battus avec nous dans les manifestations. Je tiens à le dire parce qu'il y a aujourd'hui une tendance à mettre les femmes d'un côté et les hommes de l'autre. Sans doute ces dernières se sont-elles plus mobilisées parce qu'elles en avaient davantage besoin. Mais, heureusement, elles ont été soutenues par beaucoup d'hommes.

---

1. « Radioscopie », France Inter, 1975.

L. S. Avez-vous un modèle de femme?

A. L. J'ai beaucoup d'admiration pour Rosa Luxemburg. À mes yeux, elle est l'égale de Lénine et de Trotski. Le fait qu'elle ait été assassinée par la social-démocratie a forgé mon combat. C'était aussi une bonne écrivaine, et ce jusque dans sa cellule de prison. Rosa Luxemburg était une femme formidable.

L. S. Arlette Laguiller, que pensez-vous du mouvement #MeToo?

A. L. Comme tout le monde, je vous dirai que c'est bien que la parole sorte, et que toutes les femmes ayant souffert à cause d'Harvey Weinstein et des autres puissent se défendre. D'ailleurs, il ne s'agit pas seulement des femmes, il y a aussi un certain nombre d'hommes qui ont été violés ou agressés. Que tout cela s'exprime et se dise, et que par là même les gens réussissent à oublier, ou du moins puissent « faire le deuil » de ce qu'ils ont subi, est une très bonne chose. De ce point de vue, #MeToo est un mouvement important.

L. S. Quand vous dites qu'on a « tendance à mettre les femmes d'un côté et les hommes de l'autre », est-ce quelque chose que vous déplorez? Avez-vous l'impression d'une confrontation entre les hommes et les femmes?

A. L. Je n'irais pas jusqu'à parler d'une confrontation. Bien sûr, des féministes pensent que tous les hommes sont des violeurs ; ce qui est à mes yeux une aberration. Il y a certains pays où je comprendrais que les femmes se réunissent entre elles, car ce serait leur seul moyen de parler de leurs problèmes. Mais, en France, ne serait-ce qu'à Lutte ouvrière, nous n'avons jamais ressenti la nécessité de réunions non mixtes. J'ai aussi du mal à comprendre que des personnes de couleur ne puissent se réunir qu'entre elles, car je défends les intérêts d'une classe ouvrière composée de gens (ou leurs parents) qui viennent de tous les pays. Pour moi, c'est une seule humanité, une seule classe ouvrière. D'ailleurs, quand il y a des mouvements dans les entreprises, tout cela disparaît : les travailleurs luttent ensemble, quels que soient leur couleur, leur religion, leur genre, etc. En réalité, au sein de la classe ouvrière, la lutte des classes est la seule manière de réunir tout le monde.

L. S. Toujours à propos de #MeToo : avez-vous déjà été harcelée par des hommes ?

A. L. Non, jamais. J'ai eu seize ans en 1956. À l'époque, j'allais danser dans les boîtes de jazz avec ma copine et nous nous sommes toujours fait respecter. Peut-être était-ce une autre époque. On sortait de la guerre, on avait envie de vivre. Quand des gars ne nous plaisaient pas, on les virait de notre milieu. On ne se laissait pas marcher sur les pieds. Je pense qu'on était féministes sans le savoir. Lorsqu'on était attaquées par des bandes de gars qui avaient repéré une fille ou deux qui leur plaisaient, on se battait physiquement. Sans être spécialement fortes ni sportives, on ne se laissait pas faire. Cela dit, jamais je n'accuserai une femme qui a été violée sous la menace d'un couteau de ne pas s'être battue. Mais, quand c'est possible, il faut se défendre. Il n'y a que ça.

L. S. Vous avez grandi aux Lilas, dans la banlieue de Paris. «Nous étions pauvres, dites-vous. C'est là que j'ai découvert la lutte des classes.»

A. L. Oui. À l'école, quand vous êtes très pauvre, que la cantine est gratuite parce que vos parents n'ont pas les moyens de la payer, vous ne vous sentez pas l'égale des autres. Mes camarades n'étaient pas issus de la grande bourgeoisie, mais la fille du pressing du coin de la rue ou celle du marchand de viande avaient des bas nylon quand, moi, je portais encore des chaussettes. Je parle de ce genre de choses.

L. S. Dans *C'est toute ma vie*[1], votre autobiographie, vous écrivez: «J'étais affreusement embarrassée en prononçant, chez la boulangère ou chez l'épicière, le fatidique "vous le marquerez, s'il vous plaît", qui signifiait que je ne pouvais pas payer le montant de mes achats. […] Je ressentais comme une humiliation, à l'école, d'appartenir au petit groupe des assistées qui avaient droit à la cantine gratuite. J'avais honte, aussi, de la manière dont j'étais habillée.»

_____

1. Autobiographie sous-titrée *Une femme dans le camp des travailleurs*, Plon, 1996.

A. L. Tout à fait. Oui, ç'a été assez dur pour moi. C'était une période difficile. Heureusement, j'avais les livres.

L. S. Vous lisiez beaucoup ?

A. L. Oui, je me plongeais dans les livres.

L. S. Pour échapper à la réalité ?

A. L. Oui, je pense.

L. S. Est-ce cette honte-là qui vous a donné l'aplomb pour vous engager ? Pour vous en sortir ?

A. L. Je suppose. C'est la réalité de la vie des gens pauvres. Vous savez, je n'étais pas la seule. Nous vivions dans un petit immeuble de trois étages. À chaque étage, il y avait des gens dans le besoin et dans la nécessité : une ouvrière d'usine dont le mari buvait, des gens qui n'avaient pas d'argent parce que le père avait un cancer et ne travaillait plus, mon père qu'on ramenait du travail sur une civière parce qu'il ne supportait plus de porter des poids trop lourds... J'ai connu tout un milieu qui souffrait. Cela a sûrement forgé une révolte. J'étais sensible aux malheurs de l'humanité. Puis la guerre d'Algérie est venue révéler tout cela.

L. S. C'est le moment où vous vous réveillez politiquement ?

A. L. Oui. Avec une bande de jeunes, nous nous retrouvions au café autour du baby-foot et nous parlions de ça, nous lisions les journaux comme *L'Express* ou *L'Observateur*, qui s'engageaient contre la guerre. En 1960, je suis allée manifester pour la première fois grâce à l'Unef[1].

L. S. « Je dois beaucoup à mon père », dites-vous. Que lui devez-vous ?

A. L. Je lui dois d'avoir été un homme cultivé, qui lisait et s'intéressait à la politique. Cela a sans doute fait que je m'y suis intéressée aussi. Surtout, mon père avait des livres. Dans les appartements de mes amis, il n'y avait pas de livres. D'ailleurs, certains venaient à la maison pour que je leur en prête. Mon père était revenu complètement esquinté de la guerre. C'était un rapatrié sanitaire. Il ne s'en est jamais vraiment remis et est mort très jeune, à soixante-trois ans. J'avais de l'admiration pour lui.

L. S. Avait-il de l'admiration pour vous ?

A. L. Le pauvre, je ne sais pas. En 1973, quand il m'a vue à la télévision, il a été content et fier. C'est moi qui leur avais acheté leur première télé. Mais il m'a tout de même fait un petit reproche comme quoi je n'avais pas donné assez d'exemples, que les prix augmenteraient

---

1. Union nationale des étudiants de France.

de trop par rapport aux salaires, qu'il fallait parler de ça, pourquoi est-ce qu'on ne pourrait pas agir sur les prix, etc.

L. S. Vous parlez moins de votre mère.

A. L. C'est difficile pour moi. Ma mère était aussi une victime de la guerre. Elle a été marquée par les bombardements sur Paris. Naïvement, elle était retournée travailler après le bombardement qui avait complètement détruit l'immeuble en face de son bureau. Elle a vu les victimes et ne s'en est jamais très bien remise moralement. Elle était une formidable cuisinière et savait coudre – comme nous n'avions pas d'argent, elle me faisait mes affaires, les réparait. Les échanges entre elle et moi étaient très différents de ceux que j'avais avec mon père.

L. S. Christine Lagarde dit que les hommes de sa vie ont eu du mal à accepter sa réussite. Est-ce que cela a également été votre cas ?

A. L. Je ne sais pas si j'ai « réussi ». Se présenter à l'élection présidentielle n'est pas une réussite en soi, c'est un engagement.

L. S. Qu'est-ce que « réussir », alors ?

A. L. Devenir présidente de la République aurait été une réussite. Pour moi, réussir, c'est mener les combats qu'il faut.

L. S. Les hommes de votre vie ont-ils été jaloux de votre exposition ?

A. L. Je ne le pense pas. Mon compagnon m'a même plutôt aidée.

L. S. On vous a constamment demandé de justifier votre célibat ou votre absence d'enfants. Voici comment Thierry Ardisson vous parle de ça dans l'émission « Bains de minuit », en 1987 :

THIERRY ARDISSON — Vous n'êtes pas mariée. Pourquoi ? Vous êtes contre l'institution du mariage ?

ARLETTE LAGUILLER — Parce que je n'ai pas eu envie de me marier. Et je crois que je ne suis pas la seule dans ce cas. Est-ce extraordinaire de ne pas avoir envie de se marier ?

THIERRY ARDISSON — Non. Est-ce que c'est idéologique ? Ou est-ce que c'est lié à votre vécu ?

ARLETTE LAGUILLER — Je crois que c'est mon vécu, et c'est mon choix personnel.

THIERRY ARDISSON — Une question me brûle les lèvres : auriez-vous pu être bonne sœur ? Les bonnes sœurs défendent les pauvres aussi.

ARLETTE LAGUILLER — C'est drôle que vous me disiez ça. Si vous étiez face à un homme qui fait de la politique, vous ne vous permettriez pas de lui dire ça.

THIERRY ARDISSON — Pourquoi ?

ARLETTE LAGUILLER — Vous dites ça parce que je suis une femme.

THIERRY ARDISSON — Non. Vous auriez pu être curé si vous aviez été un mec.

ARLETTE LAGUILLER — Quand les femmes font de la politique, on imagine automatiquement qu'elles se sacrifient, que c'est un sacerdoce. Je ne me sacrifie pas.

L. S. Vous lui répondez bien ! N'était-ce pas violent d'être toujours ramenée à l'image de la bonne sœur laïque et à votre célibat ?

A. L. C'était un peu énervant. Là encore, cela prouve que votre engagement politique et votre volonté d'essayer de changer le monde ne sont pas pris au sérieux parce que vous êtes une femme. Pour ce journaliste, mon rôle consistait sans doute à me marier et à avoir des enfants.

L. S. Vous avez même été contrainte d'accorder une interview à un magazine *people* pour expliquer que vous n'étiez pas lesbienne.

A. L. Effectivement, le bruit a couru que j'étais homo-sexuelle. J'ai expliqué que cela ne me gênait pas, mais que je ne l'étais pas. Si je l'avais été, je l'aurais dit.

L. S. On est même allés jusqu'à vous faire un procès en idéologie en prétendant que Lutte ouvrière décourageait les militants et militantes d'avoir une vie familiale, pour ne pas les détourner de la cause.

A. L. J'ai dû aussi répondre à ce genre d'attaques. Lutte ouvrière laisse ses militants libres de leur choix. Pour autant, ce parti ne leur dit pas que faire des enfants et militer sont simples à concilier.

L. S. Vous n'aimez jamais parler de vos compagnons. Vous êtes pourtant en couple avec quelqu'un depuis plus de trente ans. Pourquoi n'avez-vous pas envie de parler de lui ?

A. L. Non, je ne veux pas. Dans le passé, je ne supportais pas qu'on présente quelqu'un comme « la femme de ». Et je trouve que ce n'est pas mieux pour les hommes. Mon conjoint n'est pas « l'homme d'Arlette Laguiller ». C'est un homme, et tout va bien entre nous. C'est l'essentiel.

L. S. Arlette Laguiller, je me permets de donner votre âge : vous avez aujourd'hui quatre-vingt-un ans. Quand vous regardez les photos de votre jeunesse ou de votre première candidature à l'élection présidentielle ; quand vous vous souvenez de vous dansant dans les clubs de jazz, que vous dites-vous ?

A. L. J'ai vieilli, mais je me sens jeune dans ma tête. Et pleine d'espoir pour un avenir meilleur – ça, ça n'a pas changé. Ces idées-là soutiennent.

L. S. Auriez-vous aimé avoir vingt ans aujourd'hui ?

A. L. Bien sûr. Je pense que cette époque est pleine de promesses d'avenir. Pour peu qu'on veuille s'en prendre un petit peu à tous ces affreux capitalistes qui se moquent de l'avenir de la planète et de l'avenir de la classe ouvrière. J'ai toujours ça dans la tête : un jour, on changera tout ça pour faire une autre société plus vivable, à tout point de vue.

L. S. Qu'aimeriez-vous qu'on dise à votre sujet plus tard ?

A. L. Que j'ai toujours été fidèle à mes idées.

« Je ne me suis jamais dit
    que je ne pourrais pas
y arriver. »

— Jacqueline Laffont

Ce jour-là, dans un Palais de justice envahi de caméras et de micros pour le procès médiatique d'un ancien président de la République, on ne voyait qu'elle. Silhouette frêle, élégante, cheveux noirs tirés, beau visage de la Renaissance, elle a réussi à voler la vedette à son propre client, Nicolas Sarkozy. Au royaume des ténors pénalistes, où l'on croise souvent des hommes (parfois machistes), elle est respectée. C'est « une lame redoutable », « elle ne lâche rien », disent d'elle ses collègues. Avec son mari, maître Pierre Haïk, ils étaient l'un des couples d'avocats les plus puissants de France. Mais un jour, Pierre, malade, a dû arrêter le métier. Quand elle parle de lui, son grand amour et partenaire de toujours, elle ne peut empêcher les larmes, mais se reprend vite. Jacqueline Laffont n'est pas femme à montrer ses douleurs. Nous l'avons rencontrée dans son cabinet, situé non loin du Palais de justice de Paris. Par la fenêtre, on entend toute la journée les sirènes de police y emmener les détenus.

LÉA SALAMÉ

Jacqueline Laffont, à quel moment de votre vie vous êtes-vous sentie puissante ?

JACQUELINE LAFFONT

En réalité, je crois que je ne me suis jamais vécue comme une femme puissante. Je me demande d'ailleurs ce que peut être la puissance d'une femme avocate, ce que l'on peut mettre dans ce mot. Je sais seulement que jamais je ne dirai de femmes qu'elles sont impuissantes. Je sais aussi que je ne suis pas une femme de pouvoir.

L. S. Quelle est la différence entre le pouvoir et la puissance ?

J. L. La puissance, pour moi, c'est une force intérieure que l'on met au service d'un combat, d'un métier, de la défense quand on est avocat. Le pouvoir, lui, s'exerce sur les autres. En outre, et contrairement à ce que certains cherchent à faire croire, si les juges ont du pouvoir, les avocats n'en ont pas. Ce qu'ils ont, ce sont les droits de la défense ; leur force de conviction et de persuasion ; leur intelligence ; leur volonté de mettre tout cela au service des hommes et des femmes qui leur confient leur défense. Si l'on me dit qu'en cela je suis puissante, alors oui : je le revendique.

L. S. Nathalie Kosciusko-Morizet explique qu'être puissante consiste à se sentir, à un moment donné de sa vie, dans son axe, à sa place. Vous êtes-vous déjà dit cela ?

J. L. À chaque fois que je me lève pour défendre quelqu'un, je suis à ma place. C'est probablement le moment où je ressens une forme de puissance, car je suis dans l'arène, seule, je donne toute ma force, et il faut que j'y croie pour pouvoir convaincre. La défense est un combat. Il s'agit de protéger les justiciables, de se battre pour eux contre toute forme de pouvoir : judiciaire, carcéral, médiatique. C'est une pression très forte.

L. S. Aviez-vous, comme on dit, les épaules pour cela ? Ou est-ce venu avec l'expérience ?

J. L. J'ai fait du droit pour exercer ce métier et pas un autre : celui d'avocate pénaliste. Pénaliste, cela consiste à défendre des personnes à qui l'on reproche d'avoir commis des actes répréhensibles et qui sont toujours présumées innocentes. C'est la seule défense qui m'intéressait. Dans le procès pénal, le prévenu est dans tous les cas en état de faiblesse, même s'il s'agit d'un puissant. J'ai toujours pensé qu'il était bon d'être aux côtés de ceux qui sont confrontés à ce déséquilibre.

L. S. Pourquoi ?

J. L. Parce que la machine judiciaire détient et exerce le pouvoir considérable de juger et condamner. Face à celui des avocats qui consiste à convaincre, s'opposer, surveiller, contrôler. C'est peu et c'est énorme à la fois. Et c'est ce que j'aime dans ce métier.

L. S. Vos confrères disent tous que vous êtes brillante, redoutable, que vous êtes une « lame ». L'ampleur des dossiers dont vous vous occupez est immense. C'est bien simple, vous avez été de la plupart des grands procès politico-financiers ces dernières années en France : l'affaire Bettencourt, l'affaire Alexandre Benalla, l'affaire Nicolas Hulot ou celle des écoutes de Nicolas Sarkozy. Est-ce que la puissance d'une avocate se mesure à son carnet d'adresses ?

J. L. Dans la perception que le public a de l'avocat ou de l'avocate, sûrement. Surtout parce que ces procès sont souvent relayés par les médias ; cette impression de puissance est de ce fait plus perceptible par le public qui peut penser que si des hommes et des femmes puissants vous font confiance, c'est qu'ils considèrent que vous en êtes digne. Mais il y a aussi de très nombreux avocats qui exercent dans l'anonymat et défendent leurs clients avec talent.

L. S. Justement, vous défendez les puissants : Nicolas Sarkozy, Nicolas Hulot, les hommes d'affaires Jean-Marie Messier ou Laurent Gbagbo. Mais pas seulement, non ?

J. L. Ne pas avoir que des clients puissants me tient à cœur. Dans mon cabinet, nous avons toujours continué à défendre des inconnus et des personnes issues d'univers différents ou défavorisés. Pour moi, c'est fondamental, c'est comme cela qu'on ne s'enferme pas dans son monde. Dans tous les cas, je fais ce métier de la même façon : je déploie la même énergie.

L. S. Vous dites d'ailleurs: « On est plus intelligent, au sens où l'on connaît davantage les personnes, les ressorts psychologiques, les situations, quand on sort de son monde[1]. »

J. L. J'en suis sûre. Nous avons chacun un univers plus ou moins préservé, protégé, et assez circonscrit. Quand je vais plaider à Bobigny ou à Draguignan; quand je vais en maison d'arrêt défendre des jeunes issus des quartiers, j'en ressors humainement plus riche, plus intelligente.

L. S. Étiez-vous ambitieuse quand vous avez commencé ce métier?

J. L. Non. « Ambitieuse » est un terme qui ne me correspond pas. En revanche, j'avais *une* ambition très forte: ne renoncer à rien. Je voulais travailler, avoir des enfants, ainsi qu'une vie amoureuse épanouie. Je voulais voyager, lire… Mais c'est une ambition difficile qu'on n'atteint pleinement que rarement.

L. S. À chaque femme interviewée, je demande d'apporter un objet qui incarne, selon elle, la puissance des femmes. Lequel avez-vous choisi?

J. L. C'est un objet qui m'est très personnel: ma robe d'avocate. Elle m'avait été offerte par mon père. À son

---

1. Marie-Laure Delorme, « Jacqueline Laffont, seule à la barre », *Le Point*, 21 mai 2020.

grand désespoir, j'avais décidé d'être avocate pénaliste, alors qu'il aurait rêvé d'avoir une fille magistrate ou avocate d'affaires. Il considérait que pénaliste n'était pas un métier pour les femmes. Mais il m'a offert cette robe et a finalement été mon premier fan, mon premier soutien. C'est un objet qui compte pour moi. Le simple fait que des hommes portent cette robe m'amuse aussi. C'est un objet égalitaire. Lorsqu'on entre dans cette profession, hommes ou femmes, on est tous les mêmes derrière cette robe.

L. S. Vous vous sentez plus puissante quand vous la mettez ?

J. L. Un jour de canicule, il m'est arrivé de plaider sans robe devant une cour d'assises, j'ai eu l'impression d'être nue, dépouillée. Il me manquait quelque chose. C'est un uniforme qui rassure et nous met tous à égalité.

L. S. Quand on parle des avocats, on cite souvent des ténors du barreau – vivants ou morts – comme Hervé Temime, Éric Dupond-Moretti, Olivier Metzner, Thierry Lévy, Thierry Herzog, Georges Kiejman ou Maurice Garçon… Ce sont toujours des hommes. Pourquoi ?

J. L. Ce sont tous d'immenses avocats. Bien sûr, les hommes sont en position prédominante dans ce métier, comme dans d'autres d'ailleurs, mais particulièrement dans celui-ci. Je n'oublie pas une chose : ce sont des hommes qui m'ont appris ce métier, me l'ont enseigné et m'ont donné envie de le pratiquer. Bien plus des hommes

que des femmes, ce que l'on peut évidemment regretter. Quelques femmes ont forcé mon admiration et ont
compté, comme Françoise Cotta, une avocate pénaliste,
qui est une femme formidable. Gisèle Halimi, aussi, bien
sûr. Elle a mené un combat acharné et a fait bouger les
lignes. Elle a réussi à être présente dans tous les domaines
de la vie, de la famille à l'engagement politique. Ce sont
des sources d'admiration. Mais, dans mon parcours, les
hommes ont été beaucoup plus nombreux et m'ont
accueillie.

L. S. Les femmes sont désormais majoritaires dans la profession d'avocat. Pourtant, on les entend moins. Est-ce la
faute des médias ? Est-ce qu'elles courent moins après les
micros, sont moins narcissiques ? Je le réalise moi-même :
quand on veut inviter un avocat, c'est souvent un homme
qu'on choisit…

J. L. Il est vrai que les femmes sont moins présentes et
moins invitées dans les médias. J'hésite moi-même toujours à y intervenir. La profession s'est largement fémini-
sée. Mais elle est encore le théâtre de grandes inégalités.
Si je ne me trompe pas, les revenus des avocates sont
50 % plus faibles que ceux des avocats. Elles sont aussi
beaucoup moins présentes dans les postes à responsabilité. On constate qu'elles sont plus souvent collaboratrices
qu'associées. De fait, elles sont moins présentes dans les
affaires médiatiques. Mais il y a aussi peu de femmes chez
les pénalistes. Je repense à mon père, pour qui ce métier
n'était pas fait pour elles…

L. S. Parce qu'on y côtoie des criminels, des voyous ?

J. L. Oui, ainsi que les familles des criminels et des voyous. On va en prison. On peut être appelée en pleine nuit. C'est peut-être aussi pour cela que ce métier a été plus largement réservé aux hommes. Longtemps, beaucoup d'entre eux ont pensé que les femmes n'étaient pas capables de l'exercer, car elles n'avaient pas la voix, le coffre ou la robustesse nécessaires. Lorsque j'ai choisi cette voie, mon père avait peur pour moi. Mais il m'a poussée, encouragée. Quand il est venu m'écouter, il a été très heureux et fier.

L. S. Y a-t-il une manière féminine de plaider ? Voici ce qu'en dit votre collègue Julia Minkowski :

> Il n'y a pas de différence entre un homme et une femme en tant qu'avocat. Une fois qu'on enfile la robe, le genre s'efface. Il y a autant de façons de défendre que de personnalités. Croire le contraire, c'est prêter crédit à ces préjugés qui existent depuis toujours et s'imaginer que, parce qu'on est un homme – ou parce qu'on est une femme –, on va plaider de telle ou telle façon. Chez les avocates pénalistes, certaines ont le verbe haut, d'autres aiment chuchoter des histoires à la cour, d'autres encore savent s'indigner et gronder, mais cela n'a rien à voir avec le fait d'être une femme ou d'être un homme. Ce qui compte, c'est la personnalité[1].

---

1. Rencontre à la librairie Mollat, à Bordeaux, en 2021, pour le livre coécrit avec Lisa Vignoli, *L'avocat était une femme : le procès de leur vie*, JC Lattès, 2021.

J. L. Je suis assez d'accord avec elle, il n'y a pas une manière féminine de plaider. Dans certains procès, on peut cependant choisir de se placer sur un autre registre. J'ai un souvenir ancien mais très précis d'un important procès dans lequel je prenais la parole après un ténor à la voix particulièrement forte. J'étais désespérée et me disais : « Je vais passer après lui, il a plaidé pendant une heure, il a un de ces coffres... » Quand je me suis levée pour plaider à mon tour, j'ai tout fait sauf forcer ma voix. Le silence s'est installé dans la salle d'audience, tout le monde écoutait. Les tours de force oratoires sont parfois déplacés, voire ridicules.

L. S. Avez-vous des techniques pour bien plaider ?

J. L. Aucune. À chaque fois que je plaide, je suis hantée par la peur. La veille d'une plaidoirie, je dors toujours mal. Après avoir plaidé, je refais dans ma tête la plaidoirie que j'aurais *dû* faire. Je n'aime pas être enfermée dans un carcan. Je travaille beaucoup, mais je n'écris pas ma plaidoirie en entier. J'ai besoin de m'évader de mes notes.

L. S. À chaque invitée, je demande de citer une chanson qui, selon elle, incarne les femmes puissantes. Laquelle avez-vous choisie ?

J. L. « Here's to You », la troisième partie de *La Ballade de Sacco et Vanzetti*, écrite et interprétée par Joan Baez. C'est une chanteuse que j'ai découverte quand j'étais petite grâce à mes grandes sœurs. Cette chanson me touche parce que c'est l'histoire d'un procès dans lequel les dés étaient jetés d'avance.

L. S. Beaucoup affirment que c'est en 2010, quand vous avez plaidé et obtenu la relaxe de Charles Pasqua devant la Cour de justice de la République, que vous avez vraiment pris votre envol.

J. L. J'ai défendu Charles Pasqua un peu par hasard. Pierre Haïk, mon mari, était son avocat mais ne pouvait le défendre à l'un de ses procès. Son autre avocat avait été contraint de se désister au dernier moment. Un soir, alors que nous cherchions tous quelqu'un pour les remplacer, Charles Pasqua a lancé : « Mais voyons, arrêtez de chercher : ce sera Jacqueline. » Ce fut le début d'une longue défense. Je me souviens de son dernier procès. C'était un moment douloureux de sa vie. Il venait de perdre son fils et il était lui-même malade. J'avais l'impression d'avoir une responsabilité particulière. Parfois, en plaidant, il est difficile de ne pas céder à l'émotion.

L. S. Y avez-vous cédé ?

J. L. Je me suis retenue. Je n'ai jamais pleuré pendant une plaidoirie, mais il m'est arrivé de devoir m'arrêter, de me reprendre. Quand on plaide, l'émotion joue un rôle important.

L. S. Vous pouvez aussi faire peur. Vous êtes d'apparence très belle, mais avec aussi une certaine dureté.

J.L. Je ne me perçois pas comme puissante, mais encore moins comme quelqu'un de dur. Je pense même être l'inverse. En revanche, quand on défend un homme ou une femme, on est obligé de mettre de la distance, de tenter de ne pas céder à l'émotion.

L.S. Charles Pasqua, dites-vous, vous a choisie au milieu de tous ces hommes. Un autre homme politique a fait ce choix : Nicolas Sarkozy. Si vous êtes aujourd'hui connue du grand public, c'est peut-être grâce à lui. Nombre de journaux ont fait leur une sur vous avec des titres comme « L'avocate de Sarko », « Une avocate à la barre », en présentant ce choix comme si c'était une incongruité.

J.L. C'est exactement ça. Une incongruité, d'abord, que l'avocate de Nicolas Sarkozy soit une femme ; ensuite, que Nicolas Sarkozy choisisse une femme. J'ai toujours été présentée dans ces portraits en « femme seule à la barre », comme si une femme ne pouvait pas l'être. Personne ne se poserait la question pour un homme. Est-ce qu'on dirait de maître Temime ou de maître Dupond-Moretti qu'il est « seul à la barre » ? Non. La pression était forte, car j'avais l'impression qu'on m'attendait au tournant.

L.S. À l'origine, c'était Pierre Haïk, votre mari, qui était l'avocat de Nicolas Sarkozy. Mais il a dû se désister pour des raisons de santé. Quand vous avez écrit à ce dernier pour lui dire qu'il était libre de choisir un autre avocat, que vous a-t-il répondu ?

J. L. Ces propos ont été divulgués par la presse, non par moi. Je ne révélerai donc pas ce que Nicolas Sarkozy m'a répondu précisément. En revanche, il m'a dit : « Jacqueline, je ne me suis même pas posé cette question, on continue tous les deux. » Et c'est ce que l'on a fait.

L. S. Voici ce que Nathalie Kosciusko-Morizet que j'ai interviewée dans « Femmes puissantes » et qui se plaignait du sexisme et des remarques misogynes dans son propre parti, dit de Nicolas Sarkozy : « Pour lui, il n'y avait pas de débat sur le fait qu'intellectuellement les femmes et les hommes sont égaux. Ce que je vous dis a l'air dingue. Mais en vous disant ça, je réalise à quel point ce n'est pas évident pour tant d'autres… Nicolas Sarkozy trouvait cela bien de travailler avec des femmes, que c'est même quelque chose d'intéressant, qu'elles ne sont pas illégitimes ou invitées par erreur. De mes années de vie politique, c'était probablement l'un des dirigeants les plus modernes sur le sujet[*]. »

J. L. Je suis totalement d'accord avec ce qu'elle dit. D'ailleurs, cela se vérifie dans les faits. Un procès est une aventure : on se voit beaucoup, on partage des moments forts, intenses, où l'on se met à nu. Le naturel revient au galop et je peux dire que Nicolas Sarkozy n'est pas misogyne, je dirais même que ce sentiment lui est étranger.

L. S. Avez-vous subi la misogynie de la part d'autres clients ?

J.L. J'en ai été assez préservée. Une fois que les clients vous font confiance, on ne se situe plus sur ce terrain. Il est cependant parfois arrivé qu'un client qui hésitait à me solliciter finisse par me dire : « En fait, je pense qu'il vaut mieux un homme pour défendre mon dossier. » À l'inverse, un autre pourra dire qu'il préfère être défendu par une femme. Ce qui arrive de plus en plus souvent. En revanche, je me suis déjà retrouvée face à un confrère faisant preuve, lors d'un procès, d'une misogynie incroyable. Je venais de terminer de plaider et j'ai eu la faiblesse de croire que je l'avais un peu déstabilisé. En réponse, il a commencé à plaider en singeant ma voix de façon ridicule, en allant très haut dans les aigus et en disant : « Écoutez, on vient de vous faire du Mireille Dumas ! » Je suis restée calme, je l'ai écouté et j'ai attendu qu'il finisse. Puis je suis sortie de la salle d'audience et lui ai dit ce que je pensais de lui, de son comportement lamentable et pathétique. C'était assez rigolo, car c'est quelqu'un qui a pour habitude de donner des leçons de morale. Le lendemain, il m'a appelée pour s'excuser platement. Je ne vous donnerai pas son nom, il se reconnaîtra.

L.S. Jacqueline Laffont, vous avez bâti toute votre carrière aux côtés de votre mari, maître Pierre Haïk. On a parlé de vous comme d'un couple fusionnel. Longtemps, on vous a présentée aussi comme « la discrète », « la femme dans l'ombre de son mari ». Cela ne vous gênait-il pas ?

J. L. Non, car il y avait dans notre relation de travail un vrai respect mutuel. Pierre était tout sauf misogyne : ni dans notre vie de couple, ni dans notre relation de travail. L'histoire est ce qu'elle est, je suis aujourd'hui un peu plus sur le devant de la scène, presque malgré moi.

L. S. Votre consœur, Emmanuelle Kneusé, qui fut, elle aussi, mariée à un avocat pénaliste (Philippe Lemaire), dit de vous : « [Jacqueline] était dans l'ombre de Pierre et très contente de l'être. Nous avons toutes été comme elle, trop discrètes. On a travaillé quatre fois plus que les hommes, mais on n'aime pas se montrer, c'est dans les gênes de notre génération[1]. »

J. L. Peut-être considérai-je inconsciemment que c'était normal, que c'était ma place. Ce que je sais, c'est que cela ne me posait aucun problème. Pierre n'était d'ailleurs pas très exposé médiatiquement. Il n'aimait pas ça. Ensuite, il est tombé malade.

L. S. « Quand Jacqueline a commencé à plaider, le regard de Pierre lui importait plus que celui du tribunal », raconte l'un de vos anciens collaborateurs, Sébastien Schapira. Est-ce vrai ?

J. L. C'est la perception de Sébastien Schapira, qui fut pendant longtemps un collaborateur et qui est

---

1. Pascale Nivelle, « Une femme à la barre », *Elle*, 20 novembre 2020.

aujourd'hui un ami. Pierre et moi étions tous les deux portés par la volonté mutuelle d'être de bons avocats, de faire tous les efforts possibles pour arriver à la meilleure défense qui soit. J'admirais beaucoup sa façon d'être avocat. Oui, son regard comptait.

L. S. Votre histoire est particulièrement romanesque. À vingt-trois ans, vous êtes sa collaboratrice. Lui en a trente-trois. À l'époque, vous êtes fiancée, lui marié, père de deux enfants. Et c'est le coup de foudre, alors que tout semble vous opposer : lui est un juif pied-noir d'Algérie, exubérant, éruptif ; vous, la fille d'une famille de militaires, catholique, réservée.

J. L. Oui, c'est vrai. Nous venions d'horizons extrêmement différents, et c'est aussi ce qui m'a plu. J'ai grandi dans une famille assez conventionnelle, classique, et, en même temps, pas tant que ça. J'ai aimé cette différence, pour nous deux comme pour nos enfants. C'est une source de richesse formidable. Mais nous étions aussi unis par des valeurs fortes. Il y avait toujours une espèce de révolte dans la façon dont Pierre exerçait ce métier, une force d'indignation, un sens du combat. À chaque fois qu'on plaide, on essaie de rendre la justice plus juste. Je me suis totalement retrouvée là-dedans. J'ai peut-être une apparence plus bourgeoise et retenue, mais je le suis moins que je ne le donne à penser.

L. S. Qu'est-ce qui vous indigne ?

J. L. Le pouvoir judiciaire peut broyer des gens. C'est le sens de notre combat. À chaque fois, on a l'impression que la vie des gens que nous défendons dépend de nous.

L. S. Quand votre mari est tombé malade et a dû arrêter de travailler, est-ce que vous avez hésité à tout arrêter et à fermer le cabinet?

J. L. Jamais. Je ne me suis même pas posé la question. J'ai eu peur, c'est vrai, de la difficulté d'assurer la suite toute seule, et je passe les aspects personnels. Mais, pour moi, c'était une évidence: il fallait que je continue. Je ne me suis jamais dit que je ne pourrais pas y arriver. Je n'ai jamais pensé que je n'en avais pas la capacité, même si j'ai craint de ne pas toujours en avoir la force. Il était important pour moi de montrer à mes enfants que, dans la vie, il faut réagir aux événements, ne pas les subir. Il faut continuer de vivre. Et c'est ce que j'ai fait.

L. S. À ce moment-là, vous êtes-vous sentie puissante?

J. L. Oui. Mon ambition a été de continuer à travers cet autre combat-là, qui n'est pas le plus simple. C'est parfois lourd, difficile. Je ne vous dis pas qu'il n'y a pas des moments de désespérance, de difficultés, d'interrogations, de fatigue. Parfois, les journées sont dures et longues. Certains procès mettent une pression très forte. Mais même si c'est dur, il est fondamental de continuer.

L. S. Y a-t-il une affaire qui vous a marquée plus que d'autres dans votre vie professionnelle?

J. L. Il y en a des dizaines. Quand je suis dans un dossier, je suis complètement dedans. Les affaires qui me marquent le plus sont celles dans lesquelles des innocents ont pu être condamnés. C'est pour moi la chose la plus abominable. Il m'est arrivé de travailler, de me battre, de tout tenter et de ne pas y arriver malgré tout. Dans cette profession, on est souvent confrontés à l'échec.

L. S. Comment gère-t-on l'échec?

J. L. Tant que l'on a des voies de recours, il faut continuer à y croire, aller en appel, en cassation, devant la Cour européenne. La seule chose qui compte, c'est de pouvoir se dire que l'on a tout tenté, que l'on a fait du mieux que l'on pouvait. Et que, au bout du compte, cette décision n'est pas la nôtre. Une des choses les plus monstrueuses est d'être accusé à tort. Quand une personne vous a fait confiance en vous demandant de la défendre et que vous n'y êtes pas arrivée, c'est lourd à porter.

L. S. À quoi sert un avocat? Quel est son rôle quand il défend un criminel? Voici ce qu'en dit maître Henri Leclerc:

> Quand je me trouve face à quelqu'un que tout le monde déteste, je suis seul. S'il n'en reste aucun, je suis là. Des gens vont le juger. Évidemment, ça peut être des méchants. J'ai envie de les convaincre, et pour avoir envie de les convaincre, il y a l'émotion. C'est un des éléments. La raison en est un autre. [...] On est donc un trait d'union entre quelqu'un que tout le monde déteste et quelqu'un qui va rendre un jugement. Je voudrais montrer que celui que tout le monde déteste mérite quand même d'être aimé parce que c'est un être humain. Nous sommes les porteurs de fraternité[1].

L. S. N'est-ce pas une belle définition de votre métier ?

J. L. C'est beau et vrai, comme tout ce que dit Henri Leclerc. Il fait partie de ceux que j'ai profondément admirés, aimés. Il a exercé son métier avec beaucoup d'humanité.

L. S. Faut-il quand même aimer un criminel parce que c'est un être humain ?

J. L. Je ne dirais pas qu'« il faut quand même l'aimer », mais qu'il faut lui rendre sa part d'humanité. Quand vous défendez le pire des criminels, le plus monstrueux des dossiers, celui qui a commis la pire des atrocités, vous lui rendez quand même cette part d'humanité. Et c'est ce qui est formidable.

---

1. Maylis Besserie, *Maître Henri Leclerc fait ses adieux au barreau*, « La Grande Table idées », France Culture, 30 décembre 2020.

L. S. Y a-t-il un dossier trop atroce que vous avez refusé ?

J. L. Oui, c'était un dossier de torture d'un jeune enfant par ses parents. Ces gens-là doivent être défendus, et c'est l'honneur des avocats de les défendre. Mais c'était une période de ma vie où j'avais estimé qu'il ne fallait pas que je l'accepte, car j'avais peur de ne pas le faire bien. Dans ce cas précis, je ne pensais pas en avoir la force.

L. S. Qu'est-ce que votre métier vous a appris sur la violence des hommes et des femmes ? À la fin des fins, qu'avez-vous compris de la nature humaine ?

J. L. Que des actes abominables peuvent être commis par des hommes qui sont encore des hommes. Souvent, on réalise qu'un cheminement existe et peut expliquer ces actes, sans les excuser. On constate aussi que cela n'arrive pas à n'importe qui, pas n'importe où : à part quelques exceptions liées à des problèmes de psychiatrie pure, ces parcours-là sont en général le fruit d'une vie chaotique, parfois tragique.

L. S. Jacqueline Laffont, vous apparaissez dans le livre *La Familia grande*[1]. Camille Kouchner raconte l'inceste subi par son frère de la part de leur beau-père, Olivier Duhamel. Sans la nommer, elle y décrit une avocate : « Verbe franc, voix posée, la cheffe du cabinet prend la parole : "Avant de commencer, je veux lever toute

---

1. Seuil, 2021.

équivoque." Elle se tourne vers Victor [le frère de Camille Kouchner] et sa voix emplit tout l'espace : "Vous avez été victime d'un crime, monsieur." » Cette avocate, c'est vous.

J. L. Il est important de resituer le contexte dans lequel j'ai reçu une personne qui m'a livré son récit. Et le récit qu'elle m'a livré est en effet celui d'un viol, c'est-à-dire d'un crime. Je ne suis pas juge, ce n'est pas moi qui décide de la culpabilité ou de la non-culpabilité d'une personne. Mais, à ce moment précis, je pense qu'il était important et nécessaire qu'elle entende cela et que des mots soient mis sur cet acte. C'était une discussion à huis clos, qui ne l'est plus tout à fait aujourd'hui.

L. S. Un autre témoignage fort, une autre libération de la parole est celle d'Adèle Haenel, une voix importante du mouvement #MeToo. Elle a du mal à faire confiance à la justice : « Je n'ai jamais pensé à la justice parce qu'il y a, dans le système judiciaire, une violence faite aux femmes qui est systémique. Je crois à la justice, mais il faut que la justice parle de toute la société. […] 1 viol sur 10 aboutit à une condamnation de justice. Qu'en est-il des 9 autres ? Qu'en est-il de toutes ces vies ? Je crois à la justice, je crois qu'elle peut se remettre en question. Si elle veut être à l'image de la société, elle doit impérativement le faire[1]. »

---

1. Marine Turchi, « #MeToo dans le cinéma : l'actrice Adèle Haenel brise un nouveau tabou », Mediapart, 3 novembre 2019.

Qu'avez-vous pensé de son témoignage et de ce qu'elle dit de la justice ?

J. L. J'entends ce qu'elle dit. Comme j'entends les récits des femmes qui ont souffert. Je ne peux que les respecter, les écouter. En revanche, il n'y a qu'une réponse à cela, et elle est judiciaire. On peut regretter, déplorer que, dans certains commissariats, la parole des femmes qui viennent se plaindre de violences ou d'agressions sexuelles ne soit pas suffisamment prise en compte. Et il faut y remédier. Mais il faut aussi accepter une chose : en tant que plaignante, on doit saisir la justice et on doit admettre qu'une parole seule ne saurait suffire à constituer la preuve de la culpabilité. Une accusation ne sera jamais une preuve. Jamais. La présomption d'innocence est le principe qui doit prévaloir sur tous les autres.

L. S. Qu'avez-vous pensé du mouvement #MeToo et de toutes ces femmes qui, soudainement, ont cassé le verrou et se sont mises à parler des violences sexuelles qu'elles avaient subies ? L'ampleur de cette libération de la parole vous a-t-elle étonnée ?

J. L. #MeToo est un phénomène important, que j'ai suivi avec beaucoup d'intérêt. Il était nécessaire. Si les femmes ont été victimes d'agressions sexuelles ou de harcèlement, il faut qu'elles puissent le dire et porter plainte. Ce mouvement a permis de libérer la parole et je ne peux que m'en réjouir. En revanche, je note que ces phénomènes médiatiques génèrent aussi des dérives et des excès inquiétants.

L. S. N'est-ce pas normal qu'il y ait des excès avant que tout ne s'équilibre ?

J. L. Je n'emploierais pas le mot « normal », plutôt « inévitable ». Nous devons essayer d'éviter l'inévitable, de canaliser ces dérives. Je suis très réservée par rapport à ce qui se passe sur les réseaux sociaux ; les déversements de haine et les accusations sans preuves. Des gens y sont jetés en pâture. C'est inquiétant. Bien évidemment, je suis pour la libération de la parole des femmes et pour qu'elles puissent aller déposer plainte quand elles sont agressées. Nous avons tous un rôle à jouer. J'ai appris à mes deux fils le respect des femmes. Je leur ai expliqué, ainsi qu'aux jeunes femmes que j'ai rencontrées, qu'on avait toujours le droit de dire non, à n'importe quel moment.

L. S. Êtes-vous féministe ?

J. L. Je suis évidemment féministe. Pour moi, il est clair que les droits des femmes et les droits des hommes doivent être les mêmes. Ils ne le sont pas encore, mais on y tend, on s'en approche. J'ai été élevée par une mère assez traditionnelle, mais aussi féministe avant l'heure. Pour moi, l'autonomie financière est absolument nécessaire, dans la vie comme dans son couple et vis-à-vis de ses enfants. Elle est aussi indispensable quand vous êtes confrontée à des accidents de la vie, et que vous vous retrouvez seule à faire vivre une famille. Ce qui est mon cas aujourd'hui.

L. S. Vous avez perdu votre mère jeune, à l'âge de dix-neuf ans. Qu'est-ce que ce manque a provoqué chez vous, dans votre personnalité comme dans votre carrière ?

J. L. L'idée qu'il faut vivre vite, intensément. Qu'il faut avoir une jolie vie, une belle existence. Parce que la maladie et la mort ne sont jamais loin. Les choses sont éphémères.

« Je me sens puissante

   quand j'arrive à faire

50 mètres sous l'eau

    sans respirer. »

— Christine Lagarde

Ce qui marque d'abord chez elle, c'est l'allure. Tout semble parfait. La coiffure, la robe bleu marine, l'intérieur bourgeois (mais pas trop). Tout est « *under control*», comme elle dirait; tout, sauf peut-être les cuissardes qu'elle portait ce jour-là, petite touche rock dans un monde où l'on se tient.

Même ceux qui critiquent en elle la gardienne du temple libéral au Fonds monétaire international[1], puis à la Banque centrale européenne[2], reconnaissent que s'il y a bien une Française puissante dans le monde, c'est elle. Depuis quinze ans, Christine Lagarde trône dans le classement des femmes les plus puissantes du monde du magazine *Forbes*. Première femme à diriger le plus grand cabinet d'avocats américain; première femme ministre de l'Économie en France, certains la rêveraient aussi première femme présidente de la République. Pour l'instant à la tête de la BCE, elle gère la crise financière et économique du siècle. J'ai essayé de déboutonner un peu Christine Lagarde.

---

1. Le Fonds monétaire international (FMI) est une institution qui regroupe 190 pays, qui assure la stabilité monétaire internationale et la gestion des crises financières.

2. La Banque centrale européenne (BCE) est la principale institution monétaire de l'Union européenne.

LÉA SALAMÉ

Christine Lagarde, à quel moment de votre vie vous êtes-vous sentie la plus puissante ?

CHRISTINE LAGARDE

Je me sens puissante quand j'arrive à faire 50 mètres sous l'eau sans respirer.

L. S. Vous avez été la première femme à piloter le plus grand cabinet d'affaires américain (Baker McKenzie, à Chicago). Puis la première femme ministre de l'Économie en France (de 2007 à 2011), ensuite la première femme à diriger le FMI. Aujourd'hui, vous êtes la première femme patronne de la BCE. Vous arrive-t-il parfois de ne pas être la première en tout ?

C. L. Avant tout ça, j'ai eu beaucoup de ratés. D'ailleurs, être la première femme à exercer ces fonctions vous met en situation de pouvoir, pas de puissance. Pour moi, la puissance est associée à la maîtrise : quand je fais 50 mètres sous l'eau sans respirer et que j'arrive au bout, j'ai un véritable sentiment d'exaltation, car je suis dans la maîtrise du souffle, de l'effort musculaire, etc. Le pouvoir, c'est autre chose : cela consiste à être capable de décider, d'entraîner. Décider de son emploi du temps (à peu près) ; donner des directions ; emmener des équipes, des entreprises et, parfois, un pays tout entier dans une direction choisie.

L. S. Comment êtes-vous parvenue à casser ce plafond de verre, que beaucoup de femmes n'arrivent pas à rompre, qui plus est dans des institutions aussi importantes ? Pourquoi vous, au fond ?

C. L. Je n'ai jamais pris le temps de me poser la question. La chance, le hasard, les circonstances ont joué un rôle majeur dans mon parcours. De ma mère, j'ai aussi hérité de cette faculté d'écoute et de rencontre. D'ailleurs, ça pouvait parfois être insupportable : quand on prenait le train, elle réussissait à lier connaissance avec cinq personnes qui lui racontaient leur vie. Et à peine avait-on fini le voyage qu'elle avait pris trois rendez-vous. Les rencontres ont donc joué pour moi un rôle très important. Je suis devenue présidente de Baker McKenzie en rencontrant son ancien *chairman*, qui a dû se dire : « Tiens, celle-là n'est pas sotte, elle pourra aider dans telle ou telle circonstance. »

L. S. Et donc pas grâce à vos qualités intrinsèques ? Votre travail ? La capacité d'affronter les choses ?

C. L. Pas plus que d'autres. Bien sûr, on n'arrive pas à ces postes sans travailler énormément, sans y consacrer toute son énergie ni faire des sacrifices. Mais je n'ai pas fait plus que les autres. Je pense que le hasard m'a aussi aidée. Ainsi que la capacité de prendre des risques.

L. S. Vous dites oui assez vite ?

C. L. Pas à tout ! Dans les bifurcations professionnelles de ma vie, il m'est souvent arrivé de dire oui sans réfléchir. Quand j'ai accepté de rentrer en France pour devenir ministre déléguée au Commerce extérieur, j'étais présidente de Baker McKenzie et à deux ans d'une retraite dorée en tant qu'associée au sein du cabinet. En toute logique, si j'avais pesé les avantages et les inconvénients, je n'aurais jamais dû rentrer ; évidemment, j'ai choisi l'inverse. La question ne se posait pas.

L. S. Qu'avez-vous raté dans votre vie ?

C. L. L'ENA, deux fois. Rétrospectivement, je suis très contente de ne pas avoir été admise. Si cela avait été le cas – ce dont j'aurais été incroyablement fière, ainsi que ma mère –, j'aurais été directrice d'administration dans un grand corps de l'État. Et je me serais éteinte.

L. S. Vous avez fréquenté deux mondes : le monde économique et le monde politique. Selon vous, lequel a le plus de pouvoir ?

C. L. Je comparerais plutôt le secteur public et le secteur privé. J'ai passé un peu plus de vingt ans de ma vie dans le secteur privé, en exerçant au fur et à mesure de ma carrière des fonctions de pouvoir dans un cercle restreint. Dans les fonctions publiques, le pouvoir est beaucoup plus large. Et je peux vous dire que le monde politique exerce un pouvoir incroyablement déterminant, formateur et fondateur vis-à-vis du monde économique.

CHRISTINE LAGARDE

L. S. Que répondez-vous à ceux et celles qui pensent que tout est soumis au capital ? Que les grands groupes du CAC 40 sont plus importants qu'un ou une ministre de l'Économie ?

C. L. Si c'était vrai, pourquoi y-a-t-il autant de lobbyistes à Washington, Bruxelles et ailleurs ? Le lobbying existe justement parce que le secteur privé veut influencer le secteur public, déterminer tel ou tel texte de loi, modifier la fiscalité dans le but de préserver leurs intérêts. Mais le socle de l'activité économique est toujours défini par la politique.

L. S. Lorsque j'ai demandé à Élisabeth Badinter qui serait, à ses yeux, la femme la plus puissante du monde, elle m'a répondu : « La patronne de Google qui aurait deux enfants. »

C. L. Cela me surprend un peu de la part d'Élisabeth Badinter, même s'il est vrai qu'on se découvre mère en le devenant soi-même et que la maternité enrichit. Enfin, il se trouve que Google n'est pas dirigée par une femme.

L. S. Elle affirme aussi qu'« ambition » et « femme » sont deux mots ayant rarement fonctionné ensemble dans l'Histoire. Une femme ambitieuse, c'est suspect. Avez-vous toujours assumé le fait d'être ambitieuse ?

C. L. Ce mot ne me gêne pas. Pour autant, je ne m'y reconnais pas. Je n'ai pas le sentiment d'être ambitieuse. Être ambitieux, c'est avoir un plan de carrière, un objectif déterminé, quitte à éliminer au passage tous ceux ou celles qui pourraient gêner sa réalisation. Je sais que personne ne me croit quand je dis ça, mais je n'ai jamais eu de plan de carrière ni l'ambition ultime d'arriver en haut de la pyramide. Il n'y a pas non plus de cadavres dans mes placards. J'ai donc du mal à m'identifier à l'ambition.

L. S. En effet, j'ai du mal à vous croire !

C. L. J'en étais sûre ! À chaque fois que je dis ça, on ne me croit pas.

L. S. Je demande à chaque femme que j'interviewe d'apporter un objet qui incarnerait selon elle la puissance. Lequel avez-vous choisi ?

C. L. Un petit objet qui est sur mon bureau depuis des années et n'a aucune valeur marchande. C'est un écriteau en bois que m'avait offert l'équipe avec laquelle je gérais les dettes souveraines européennes lorsque j'étais directrice générale du FMI. Pendant des mois et des mois, nous nous sommes occupés de la Grèce, du Portugal, de Chypre, de l'Irlande, etc. Dessus, il est écrit : « *There cannot be a crisis next week. My schedule is already full.* » Ce qu'on peut traduire par : « Il ne peut pas y avoir de crise la semaine prochaine. Mon emploi du temps est déjà plein. » Cet objet, c'est un peu l'histoire de ma vie.

L. S. En 2019, vous avez participé au « Daily Show », une célèbre émission de télé américaine. Au journaliste

CHRISTINE LAGARDE

qui vous demandait pourquoi vous aviez accepté le poste de directrice du FMI, « un job où la mission était quasi vouée à l'échec », vous avez répondu : « Quand la situation est vraiment, vraiment désespérée, on appelle une femme ! »

c. l. C'est ce que j'ai souvent observé ou moi-même vécu. À chaque fois que la situation devient catastrophique et qu'on ne sait plus très bien par quel bout la prendre, on appelle une femme : « *Call me a woman.* »

l. s. Êtes-vous d'accord avec celles et ceux qui disent que les pays dirigés par des femmes (l'Allemagne avec Angela Merkel ou la Nouvelle-Zélande avec Jacinda Ardern) ont mieux affronté la crise sanitaire liée à l'épidémie de Covid ? N'est-ce pas essentialiser un peu bêtement les femmes ?

c. l. C'est peut-être un peu excessif. Surtout, je ne pense pas qu'on ait aujourd'hui[1] le recul suffisant pour prouver cela. Mais il y a quand même une coïncidence assez troublante : dans les pays dirigés par des femmes, les taux de mortalité et de contagiosité ont été plutôt mieux gérés[2].

---

1. Cet entretien a été réalisé en décembre 2020, après la deuxième vague de Covid.
2. Jon Henley, « Female-Led countries handled coronavirus better, study suggests », *The Guardian*, 18 août 2020.

L. S. C'est en substance ce que vous disiez en 2010, lors de la Journée du livre d'économie : « Un certain nombre des désordres que nous avons observés au cours des dernières années, tout particulièrement et singulièrement en 2008, auraient peut-être été atténués s'il y avait eu moins de testostérone dans les salles des marchés. Si Lehman Brothers s'était appelée Lehman Sisters, aurait-on eu la crise mondiale de 2008 ? »

C. L. Je le crois profondément. En revanche, je regrette d'avoir employé l'expression de « Lehman Sisters », c'était pour forcer le trait. La calamité, c'est lorsque les problèmes sont gérés uniquement par des hommes. Et peut-être que ça le serait tout autant s'ils ne l'étaient que par des femmes. Le principe d'exclusion de l'autre me paraît redoutable. La diversité est une source de réflexion, de pondération, de meilleures appréciations du risque, de meilleures prises de décision. Pour la simple et bonne raison qu'on a des langages différents, des appréhensions différentes des problèmes. J'en suis absolument convaincue.

L. S. Donc vous pensez qu'il y a une manière féminine d'exercer le pouvoir, de prendre des décisions ?

C. L. Il y a sans doute une manière différente. Je vais vous parler de ma propre expérience. Sans avoir précisément fait une étude empirique sur le sujet, j'ai toujours constaté, quand j'étais amenée à diriger des conseils d'administration ou des équipes d'hommes, que les femmes prennent le problème sous un autre angle. Nous sommes souvent plus attentives à la dimension des personnes. Lorsque je suis avec une dizaine d'économistes, où il n'y a qu'une seule femme, les hommes vont regarder l'ensemble des graphes, des documents, des pourcentages. C'est ce que fera aussi la femme, mais elle se souviendra des gens derrière les chiffres. Je pense que cette propension est beaucoup plus importante chez les femmes. Il y a chez les hommes une espèce de brutalité envers le sujet traité. Moins chez les femmes.

L. S. Cela signifie que les femmes seraient plus douces, plus humaines ?

C. L. Pas forcément plus douces. Disons qu'elles abordent le problème différemment, avec un horizon à mon sens plus large, en prenant en compte certains éléments. Un homme ira directement vers la série statistique. On parle très souvent, à propos de nous, de cette capacité d'être « multitâche ». Culturellement et historiquement, nous avons hérité d'un certain nombre de tâches qu'on effectue bien plus souvent que les hommes. Cela nous amène à penser de manière plus large.

L. S. Et pourtant, les hommes sont toujours aussi nombreux aux postes de décision.

C. L. Des règles ont été mises en place en Europe, et particulièrement en France, sur les quotas de femmes dans les conseils d'administration. Il y en aura bientôt dans les comités exécutifs. Les choses changent, le processus s'accélère. Je suis d'ailleurs favorable aux quotas et à 100 % pour la discrimination positive. Sinon, ça prendra trop de temps. Dans cent soixante ans, nous en serons encore aux mêmes inégalités.

L. S. Certes, mais ça ne va pas non plus très vite. Combien y a-t-il, à la BCE, de gouverneures de banques centrales qui sont des femmes ?

C. L. Sur vingt-cinq gouverneurs, nous sommes deux femmes, même pas 10 %.

L. S. Et de ministres de l'Économie ?

C. L. Longtemps, j'ai été la seule femme dans le groupe des ministres des Finances européens. Puis une Espagnole m'a rejointe et une Finlandaise. Je vous l'accorde : il y a énormément de chemin à continuer de parcourir, particulièrement dans certains secteurs comme celui de la finance. Dans d'autres, comme celui du droit, cela s'améliore. À tel point qu'on entend désormais des hommes déplorer qu'il y ait trop de femmes, et que, par conséquent, le métier est en train de se dévaloriser.

L. S. Cela ne vous révolte pas qu'il n'y ait que deux femmes autour d'une table de vingt-cinq personnes ?

C. L. Ce qui m'horripile, c'est quand le niveau d'écoute diminue de moitié lorsqu'une femme prend la parole dans un grand cercle d'hommes. Lorsque je préside une réunion et que je commence à sentir une baisse d'attention alors qu'une femme parle, que je vois les hommes prendre leur téléphone ou faire des messes basses entre eux, je tape sur mon micro en disant : « On écoute ! »

L. S. À compétences égales, embauchez-vous une femme ?

C. L. Oui. Et c'est même une politique au sein de la BCE : à compétences égales, c'est une femme qui sera embauchée.

L. S. En France, à poste égal, les hommes sont toujours payés 9 % de plus que les femmes. Tous postes confondus, l'écart est de 25 %. Conseillez-vous aux femmes de ne pas avoir peur de demander une augmentation ? Est-ce que cela a déjà été le cas pour vous ?

C. L. J'ai dû faire un effort. Nous ne sommes pas formatées ni éduquées ainsi. Nous n'avons pas développé la confiance en soi qui permettrait de dire : « Pierre, Paul ou Jacques gagnent tant. Je fais le même boulot qu'eux, je dois donc avoir exactement le même salaire. » Dans tous les postes de direction que j'ai occupés, j'ai souvent vu des hommes qui venaient demander plus, jamais des femmes.

L. S. Vous avez vécu une grande partie de votre vie aux États-Unis. À dix-sept ans, vous avez même été scolarisée dans une école de filles du Maryland. Les Américaines ont-elles un rapport différent des Françaises à la réussite, à la puissance ?

C. L. Là-bas, j'ai observé qu'elles pouvaient être des femmes puissantes, mais à condition de ressembler aux hommes. Et c'est une chose qui, dans les entreprises américaines, m'a beaucoup gênée. Elles s'habillaient, parlaient et s'adressaient à leurs collaborateurs comme des hommes. C'était une espèce de code tacite sans lequel elles avaient le sentiment de ne pas pouvoir arriver à des postes de pouvoir. Ce mimétisme les amenait souvent à se priver d'elles-mêmes, à être célibataires, dures.

L. S. Voici ce que dit Laure Adler à ce sujet :

> Quand une femme entre en politique, elle doit – à l'exception de très rares exemples – obligatoirement refouler en elle toutes ses capacités de séduction. Et devenir une sorte de moine-soldat au service de tous les citoyens.

C. L. Non, ce n'est pas vrai. Je ne crois pas qu'il faille rentrer toute sa féminité. On peut être féminine et puissante. J'ai en tête beaucoup d'exemples, comme Roselyne Bachelot ou Nathalie Kosciusko-Morizet.

L. S. Et vous ?

C. L. Peut-être. Enfin, je ne sais pas. On est féminine ou sexy dans le regard de l'autre.

L. S. Voilà ce que vous disiez au *Washington Post* en 2014 : «Je me souviens d'un conseil que m'avait donné mon père américain (c'était la famille chez qui je vivais quand j'avais dix-sept ans). À chaque fois que je traversais des moments difficiles, il m'envoyait un mot ou m'appelait pour me dire : "Ne laisse pas les salauds t'atteindre." Ce n'est pas très poli, ça ne se dit pas, mais cette phrase signifie pour moi ceci : continue le travail que tu es en train de faire, n'abandonne pas. Résiste. » *Who are the bastards?* Qui sont les salauds ?

C. L. Il y en a partout. Dans toutes les fonctions que j'ai exercées, je les ai très vite identifiés. Les identifier puis les neutraliser est d'ailleurs un attribut du pouvoir.

L. S. Comment neutralise-t-on les salauds ?

C. L. On les dégage. Quand je suis devenue présidente de Baker McKenzie, il y avait, dans un de nos bureaux à New York, un groupe qui se surnommait le *Rat Pack*[1]. Ils abusaient de l'entreprise, ramassaient de gros paquets d'honoraires tout en disant pis que pendre de Baker McKenzie. Je le savais, je les ai convoqués et je leur ai dit : «Vous ne nous aimez pas, nous ne vous aimons pas. Très bien : faites vos affaires et partez immédiatement. »

---

1. *Rat Pack* ou «Club des rats ». Bande d'amis formée dans les années 1950 et 1960, entre autres, par Frank Sinatra, Dean Martin et Sammy Davis Jr.

L. S. François Mitterrand affirmait que la plus grande qualité d'un homme de pouvoir est l'indifférence.

C. L. Je ne suis pas d'accord. Enfin, ça dépend. Sa remarque est juste dans le sens où, si l'on exerce un pouvoir avec une confiance et une maîtrise totales, ce que racontera sur vous n'importe quel journaliste vous laissera effectivement indifférent. Parce que vous êtes au-dessus de tout ça. Mais l'indifférence aux salopards, non, je n'y crois pas.

L. S. Vous êtes-vous blindée ?

C. L. Non, et peut-être n'arriverai-je jamais au sommet du pouvoir mitterrandien. Peut-être ne serai-je jamais indifférente. D'ailleurs, j'aimerais ne jamais l'être !

L. S. En 1999, alors avocate d'affaires, vous avez été l'invitée de l'émission « Les Quatre Vérités », sur France 2. À la question : « Ferez-vous de la politique un jour ? », vous aviez répondu : « Sûrement pas. » Comment peut-on être à ce point à côté ?

C. L. Cette année-là, je venais d'être nommée présidente de Baker McKenzie. Cela ne me surprend pas d'avoir fait cette réponse si peu prophétique. À l'époque, j'étais sur un nuage. Quand on est complètement investi dans un projet, on ne regarde pas ailleurs. J'étais à Chicago, bien loin de Paris.

CHRISTINE LAGARDE

L. S. Vous avez finalement goûté à la politique. Est-ce que vous avez aimé cela ?

C. L. Oui, il y a des choses que j'ai adorées. Et j'ai eu le privilège de rencontrer des gens exceptionnels.

L. S. Nathalie Kosciusko-Morizet dit qu'elle a terriblement souffert du sexisme dans le monde politique. Ses prétendus amis de droite ou de l'UMP (François Fillon, Jean-Pierre Raffarin, Jean-François Copé) la traitaient d'hystérique, de folle ou de petite chose fragile. Les hommes politiques, dit-elle, considèrent que les femmes sont utiles en politique surtout pour gérer les questions de crèches. Un seul trouve grâce à ses yeux sur cette question : Nicolas Sarkozy. Avez-vous souffert du sexisme en politique, à droite, lorsque vous étiez ministre ?

C. L. Lors de mon entrée en politique, j'ai été très privilégiée parce que je suis arrivée à la demande de Dominique de Villepin, sous l'autorité de Jacques Chirac. Deux ans durant, j'ai exercé les fonctions de ministre du Commerce extérieur. Je passais la plupart de mon temps hors de France. J'emmenais avec moi des entrepreneurs, des investisseurs. Comme j'avais un peu le rôle de VRP de luxe au service du pays, je ne prenais pas trop de coups. Du fait de ce statut de « joueur à l'international », j'étais préservée. En revanche, j'ai eu droit aux quolibets, aux moqueries, aux critiques acerbes et aux commentaires sexistes. Mais quand vous faites 1,80 mètre, que vous vous exprimez principalement

LÉA SALAMÉ

en anglais et que vous représentez la France en dehors des frontières, cela vous concerne sans doute un peu moins. J'ai quand même entendu des trucs ignobles. Je me souviens par exemple d'une première session de questions à l'Assemblée nationale. C'est un exercice extrêmement difficile où, avant votre passage, on pratique l'intimidation. Les commentaires fusaient: «Oh, celle-là, je me demande bien avec qui elle a couché pour être ici.»

L. S. Un éditorialiste économique m'a dit un jour: «Christine Lagarde y est arrivée parce qu'au fond les hommes l'ont toujours sous-estimée. Elle n'était pas menaçante pour eux. Et elle a fini par tous les avoir. Et à avoir tous les postes.» Êtes-vous d'accord?

C. L. C'est assez juste. Je pense aussi avoir bénéficié de la crise. S'il n'y avait pas eu cette tempête financière qui a commencé en 2007 et s'est complètement déclenchée en 2008, un certain nombre de jaloux et de rivaux auraient fini par avoir ma peau. Mais là, ça devenait trop compliqué, trop international pour eux. Du coup, ils n'étaient plus intéressés.

L. S. Donc, si vous étiez restée en politique française, auraient-ils eu raison de vous?

C. L. Le monde politique est curieux. Les gens se tiennent souvent par la barbichette («Je sais un truc sur toi, tu sais un truc sur moi, je ne dis rien, tu me tiens, etc. »). Moi, j'arrivais de nulle part, ou plutôt de Chicago. Personne n'avait rien sur moi.

L. S. Au moment où votre nom circulait pour remplacer Dominique Strauss-Kahn à la tête du Fonds monétaire international, Angela Merkel avait évoqué l'estime qu'elle vous portait. C'était en 2011 :

Après la démission de Dominique Strauss-Kahn de la tête du FMI, il y a de bonnes raisons de le remplacer par une personnalité européenne. Sans citer de nom, je peux vous dire dès maintenant que, parmi tous les noms évoqués, chacun possède une grande réputation. Pour ma part, et cela ne date pas d'hier, j'ai beaucoup d'estime pour la ministre française des Finances. Ce n'est pas une annonce de candidature, c'est une remarque d'ordre général.

C. L. C'est typique d'Angela Merkel : ne pas dire tout en disant.

L. S. Angela Merkel est-elle la femme puissante par excellence ?

C. L. C'est une femme très puissante. Elle l'assume complètement tout en étant indifférente aux attributs du pouvoir ; c'est ce qui la rend d'autant plus fascinante.

L. S. Comment expliquez-vous qu'elle fasse ses courses elle-même, qu'elle aille au restaurant comme n'importe quelle personne ?

C. L. Je vais vous raconter une anecdote. Elle adore la musique. Un soir, à Berlin, nous sommes allées au concert. Elle avait sa voiture et un simple garde du corps, pas même de motards ni de dispositif de sécurité. Quand nous sommes sorties de sa voiture, il y avait beaucoup de gens qui attendaient pour prendre leur billet et passer le contrôle. Angela Merkel a fait la queue comme tout le monde. C'était fait avec une authenticité totale.

L. S. Comment expliquez-vous le secret de sa popularité et de sa longévité politique ?

C. L. En premier lieu, la compétence. La façon dont elle s'exprime est vraie et sans emphase. Pendant toute la crise sanitaire liée à l'épidémie de Covid-19, j'ai été frappée par sa faculté à expliquer les choses clairement. Elle est scientifique de formation et va au fond des choses. Lorsque nous parlions de l'analyse de la soutenabilité de la dette grecque, elle vérifiait tout, décortiquait les chiffres, interrogeait les colonnes, etc. Du coup, elle convainc tout le monde.

L. S. Ne manque-t-on pas, en France, d'un discours fondé sur la vérité et la simplicité ?

C. L. Est-ce que cela marcherait en France ? Je ne me rends pas compte. Chez nous, Angela Merkel serait peut-être considérée comme un peu trop normale.

L. S. Il y a cinq ans environ, un mouvement a éclaté aux États-Unis, d'abord dans le cinéma puis dans toute la société : #MeToo. Dans le magazine *Elle*, vous avez déclaré en 2019 : « Je redoute surtout [que ce mouvement] ne se retourne contre nous. Que le [message] subliminal ne soit : "Évitons d'embaucher une femme, car on risque d'avoir des problèmes. » Partagez-vous encore cette crainte ?

C. L. On doit toujours être attentif à cet écueil, à ce risque. Nous le disions tout à l'heure : tant de décisions, aujourd'hui encore, sont prises entre hommes et par des hommes. Plus vous vous élevez dans la hiérarchie, quelle qu'elle soit, plus vous trouvez des hommes. Si leur crainte est qu'il y ait des dénonciations ou des enquêtes ouvertes pour harcèlement, alors la tendance naturelle sera malheureusement de rester entre soi, entre mecs.

L. S. C'est tout ce que vous retenez de #MeToo ? N'avez-vous pas été stupéfaite de voir autant de femmes témoigner de harcèlements, d'agressions sexuelles ?

C. L. Ce fut une révélation, ainsi qu'une réponse collective très forte, salutaire et absolument nécessaire. Il faut impérativement dénoncer ces actes. Et encourager, soutenir, offrir une aide à toutes celles qui se trouvent dans cette situation de dépendance, de soumission, de menace, de pression, de violence. Car c'est inacceptable. Mais attention : derrière les bonnes volontés, il y aura peut-être, de la part de certains, le mouvement inverse, qui consistera à ne plus embaucher de femmes pour s'éviter les problèmes. Et ça, c'est très dangereux.

L. S. Avez-vous déjà subi du harcèlement sexuel ?

C. L. Bien sûr. Comme je vous disais, j'ai la chance de mesurer 1,80 mètre et d'être plutôt costaude. Je peux encore faire un bras de fer avec mes fils et parfois même gagner. Ça m'a beaucoup servi à une certaine période de ma vie quand j'étais, dans le regard de certains, probablement plus excitante ou sexy. Aucun supérieur hiérarchique ne m'a harcelée. Quand j'étais avocate indépendante, je l'ai en revanche été par des clients. Certains, par exemple, ne voulaient pas descendre du taxi. Je les mettais dehors fermement.

L. S. À chaque femme que j'interroge, je demande de choisir une chanson ou une musique qui représenterait la puissance des femmes.

C. L. J'ai choisi l'aria « Casta Diva », dans *Norma*, de Vincenzo Bellini, interprétée par Maria Callas. À mes yeux, c'est l'aboutissement total de la puissance. Maria Callas a une maîtrise absolue de sa voix, de son souffle, du silence qu'elle instaure, ainsi que de la relation qu'elle établit avec la musique, l'orchestre et le public. C'est incroyable. *Norma* est un rôle passionnant et un très bel opéra. Mais l'interprétation de Maria Callas, à ce moment précis, est un bijou absolu.

L. S. Maria Callas est-elle un modèle pour vous ?

C. L. Pas du tout. Elle est ce mythe incroyable et représente la puissance qui s'est consumée dans l'amour. Son destin est tragique. Elle a tant donné, si généreusement donné, qu'elle éveillait la passion et l'amour autour d'elle.

L. S. Toutes les femmes puissantes que j'ai interrogées ont un rapport particulier à leur père – qu'il les ait encouragées ou empêchées. Pratiquement toutes se sont construites en fonction de lui. Vous avez perdu le vôtre lorsque vous aviez seize ans. Il était professeur d'anglais, proche des cercles mitterrandiens. Il est mort d'une maladie dégénérative après avoir souffert pendant quatre années. En quoi cette perte a-t-elle joué un rôle dans votre vie ? Et en particulier dans votre vie professionnelle ?

C. L. Après sa mort, je pense que je suis allée aux États-Unis à cause de lui. J'ai passé mon bac et, l'année suivante, je suis partie. À mon avis, c'était une tentative pour le retrouver. En effet, il avait été professeur d'anglais à la faculté de Rouen et avait lui-même beaucoup voyagé aux États-Unis pour ses travaux de recherche… Derrière cette expatriation (qui m'a d'ailleurs permis de trouver une famille américaine, dont je suis toujours très proche), il y avait une quête du père.

L. S. Votre modèle, c'est votre mère. J'ai lu quelque part qu'elle ressemblait à George Sand. En quoi ?

C. L. Elle était romanesque, féminine et assumait sa part de masculinité. C'était une femme libre. Évoluant dans les milieux bourgeois de province, elle faisait de la course automobile, du rallye, elle montait à cheval et s'est mise à fumer. Comme George Sand, mais dans un autre registre, elle a été une transgresseuse. Faute de temps, elle n'a jamais écrit – ce qu'elle aurait voulu faire.

L. S. Transgresseuse, vous ne l'êtes pas tellement...

C. L. Si vous posiez la question aux gouverneurs de la Banque centrale européenne, ils vous répondraient que j'essaie. J'aime bien pousser les limites, bousculer les choses.

L. S. Comment avez-vous élevé vos fils ? Étiez-vous une mère sévère ?

C. L. L'aîné vous répondrait que oui ; le second dirait « sans doute pas assez ». De toute manière, ce n'est jamais « assez bien ».

L. S. Quand votre fils aîné avait douze ans, vous avez laissé vos enfants seuls avec leur père pour partir aux États-Unis diriger Baker McKenzie. Même si rentriez tous les week-ends, n'était-ce pas déchirant ?

C. L. C'était très dur. J'avais la chance inouïe d'avoir engagé une dame qui s'occupait d'eux. Sans jamais prétendre être un substitut de mère, elle a joué auprès de mes enfants un rôle absolument providentiel. Et leur père s'est très bien occupé d'eux. Je lui en suis infiniment reconnaissante.

L. S. Christiane Taubira raconte qu'un jour elle avait convoqué ses quatre enfants pour leur demander pardon d'avoir fait passer sa vie politique avant la leur. Et ils lui ont ri au nez en lui disant d'arrêter de s'excuser, parce qu'elle avait été pour eux une très bonne mère.

C. L. Je pense que j'aurais la même réaction de la part de mes enfants. À chaque fois que je partais aux États-Unis, je leur demandais leur avis. Et à chaque fois, ils ont fait preuve d'un amour et d'une générosité extraordinaires à mon égard. Un jour, le plus petit m'a dit: «T'as commencé un truc, tu continues, tu vas jusqu'au bout. C'est ce que tu nous dis tout le temps!»

L. S. Quand je vous écoute, je me dis qu'on peut, comme les hommes, avoir tout à la fois: une grande carrière, une vie de famille, une vie amoureuse…

C. L. Je pense qu'on ne peut pas tout avoir en même temps. Il y a trop de densité dans ce que vous énumérez pour tout faire, tout avoir. Les journées ne sont pas assez longues. On n'a pas assez d'énergie.

L. S. Qu'avez-vous sacrifié?

C. L. J'aurais pu tout mieux faire. Je regrette de ne pas avoir passé assez de temps avec mes enfants. De n'avoir pas été assez attentive à telle ou telle chose. Je regrette d'avoir dû divorcer, c'est un échec.

L. S. « Les hommes de ma vie ont eu du mal à accepter ma réussite », avez-vous dit. Était-ce dur pour eux d'être « Monsieur Lagarde » ?

C. L. C'est compliqué, oui.

L. S. Encore aujourd'hui ?

C. L. Non ! L'homme que j'aime est un soutien merveilleux. Je sens qu'il est heureux de me voir épanouie dans ce que je fais.

L. S. Vous l'avez rencontré à cinquante ans. « À cet âge et bien au-delà, dites-vous, on peut être monumentalement heureux à tous points de vue : mentalement, physiquement, sexuellement. Il faut le dire aux femmes. » Quand l'écrivain Yann Moix proclame que les femmes de cet âge sont sorties du marché, il se trompe ?

C. L. Chacun sa vie. Je suis le témoignage vivant qu'on peut être très heureuse, séduisante et séduite à cinquante ans passés. Et j'espère encore bien après ! J'ai vu ma mère sublimement belle à soixante-quinze ans.

L. S. Prendre de l'âge ne vous angoisse pas ?

c. l. Vraiment pas.

l. s. Vous ne mentez pas ?

c. l. Je vous assure que je ne mens pas. Ça ne m'angoisse pas du tout. Si vos enfants et l'homme de votre vie vous aiment comme vous êtes, il n'y a plus rien d'angoissant dans le fait de prendre de l'âge.

l. s. Vous avez un métier physique : vous pouvez passer des nuits entières à négocier, vous prenez sans cesse l'avion, vivez en décalage horaire permanent... À l'un de vos collègues qui vous complimentait sur votre bonne mine, vous avez répondu : « La différence entre les hommes et les femmes, c'est le maquillage. » Vraiment ?

c. l. J'ai même employé l'expression de « trompe-couillon » ! Lorsqu'on sort d'une nuit d'avion un peu compliquée, je peux vous assurer que la poudre TerraCotta est très efficace. Plus sérieusement, il est surtout question de discipline, d'hygiène de vie. Et du sommeil que j'essaie de trouver dès que possible.

l. s. Verra-t-on un jour une femme présidente de la République en France ?

c. l. J'espère que cela viendra. Aux États-Unis, une femme vient bien d'être nommée vice-présidente.

l. s. Mais en France ? Ça ne bouge pas tellement.

C. L. Ce serait peut-être une idée : changer la Vᵉ République, modifier la Constitution et s'assurer qu'une femme arrive discrètement sur le côté.

L. S. Et pourquoi pas vous ?

C. L. Oh non !

L. S. Je vous rappelle qu'il y a vingt ans, vous avez dit que vous ne feriez jamais de politique. Et vous en avez fait. Et si les conditions sont réunies ? Si les circonstances l'imposent ?

C. L. Non, non et non. Je vois de trop près ce que cela représente de tensions, de sacrifices qui ne sont pas heureux. Pas heureux du tout.

« Pour moi,
　　ce qui compte, avant tout,
c'est la liberté. »

— Catherine Millet

En un seul livre, elle a tout pulvérisé. C'était il y a vingt ans. Elle racontait en détail ses relations sexuelles intenses avec des hommes, beaucoup d'hommes, parfois plusieurs à la fois. *La Vie sexuelle de Catherine M.* fut un choc : on n'avait jamais lu ça sous la plume d'une femme. Scandale, soufre, admiration, le succès fut immense. Plus de 3 millions d'exemplaires vendus, traduit en une quarantaine de langues, Catherine Millet est étudiée dans les universités et devient la Mme Sexe de la télévision. Puissante, elle l'est aussi pour ce qu'elle a apporté à l'art contemporain : spécialiste reconnue, elle cofonde *Art Press* dans les années 1970, une revue qui devient une référence, un graal pour les artistes. Plus récemment, ce sont ses sorties anti-#MeToo qui lui ont valu critiques et polémiques. Provocatrice, Catherine Millet assume tout ce qu'elle pense et tout ce qu'elle dit. Pour elle, une femme puissante, c'est avant tout une femme libre. Et tant pis si ça ne plaît pas à tout le monde. Elle nous a reçus dans une petite maison au fond d'une cour dans l'Est parisien. Sur les murs, des photos d'art sexuellement explicites, certaines d'elle, nue, des statuettes africaines et beaucoup de plantes.

LÉA SALAMÉ

Catherine Millet, à quel moment de votre vie vous êtes-vous sentie puissante ?

CATHERINE MILLET

Jamais. Même si je suis peut-être attachée à une certaine forme de pouvoir – et je ne sais pas si ce mot est le bon –, je n'ai pas le souvenir d'avoir jamais désiré être puissante. J'ai l'impression d'être tellement noyée dans plein de problèmes et de difficultés que je ne me sens pas puissante.

L. S. Tout de même : quand vous publiez *La Vie sexuelle de Catherine M.*, il y a vingt ans, le livre est un choc pour beaucoup de femmes. Il a été important, car il a mis des mots sur la sexualité féminine de la manière la plus précise possible. En l'écrivant, puis en le publiant, est-ce que vous avez eu conscience de faire un acte puissant ?

C. M. Bien sûr que non. L'idée de ce livre est née spontanément et naturellement, ici même, dans cette maison. Nous étions avec des amis en train de prendre le café quand l'un d'eux, Denis Roche, alors directeur de la collection « Fiction & Cie » aux éditions du Seuil, grand poète et écrivain, nous a demandé si nous connaissions, mon mari Jacques et moi-même, des femmes intéressées par le fait d'écrire sur leur sexualité. C'est Jacques qui a répondu pour moi en disant : « Mais je suis sûre qu'elle aurait très envie de faire ça. » Denis s'est alors tourné vers moi : « Vraiment ? » Et je lui ai répondu que je voulais bien essayer. Huit jours après, je recevais un contrat.

L. S. Le livre s'est vendu à plus de trois millions d'exemplaires, avec une quarantaine de traductions dans le monde entier. Vous basculez alors dans une autre sphère. Même si le mot de « puissance » vous gêne, avez-vous conscience d'avoir au moins été influente à ce moment-là ?

C. M. Oui. Je vais employer une expression très à la mode en ce moment : ça a libéré la parole. Grâce à ces traductions, je me suis baladée dans le monde entier. J'ai, au sens propre, fait le tour du monde avec ce livre. Et ce qui était absolument formidable, c'est que, à l'issue des rencontres ou conférences que je faisais, j'échangeais avec le public. Je voyais des gens se lever pour prendre la parole et raconter leur vie sexuelle. Comme ça, devant tout le monde. Ils sentaient qu'auprès de moi ils pouvaient dire des choses qu'ils n'avaient peut-être jamais dites sur leur sexualité, parfois à l'inverse de la mienne. C'était touchant. Cela dit, je ne sais pas si cela me donnait du pouvoir.

L. S. Ce n'est pas tant le pouvoir que la puissance. Et la puissance, c'est le sentiment d'être à sa place.

C. M. Alors vous avez raison. À ce moment-là, j'ai eu le sentiment d'accomplir quelque chose que je portais en moi depuis longtemps : écrire. Tout simplement. J'ai eu l'impression de me glisser dans une peau qui m'attendait.

Tout à coup, j'étais là où je rêvais d'être quand j'étais petite fille. Je ne me suis jamais posé la question de savoir si j'étais puissante ou pas. Pour moi, ce qui compte, c'est la liberté.

L. S. C'est exactement ce que j'allais vous dire. Pour moi, vous êtes une femme puissante, Catherine Millet, parce que vous êtes libre. J'ai rarement vu une personne qui se souciait aussi peu du qu'en-dira-t-on ou de ce qu'on pense d'elle. Que ce soit sur le sexe, sur l'art contemporain ou sur le féminisme, on a l'impression que vous dites les choses sans vous soucier de leur effet ou du « bad buzz » qu'elles vont déclencher. Vous semblez vous en moquer.

C. M. Je ne dirais pas exactement que je m'en moque. Si on prend la parole, c'est qu'on attend une réaction. Quand on dit certaines choses, on sait bien qu'on va provoquer des contradictions, des critiques, voire des polémiques. Disons que je l'assume.

L. S. Où avez-vous appris cette liberté ?

C. M. Je ne sais pas. J'ai cherché l'explication, bien sûr. Par exemple, lorsque j'ai écrit *Une enfance de rêve*[1], je suis allée voir du côté de l'enfance. J'ai été élevée au sein d'une famille sans contrainte morale. Mes parents vivaient leur vie sexuelle chacun de son côté. Petite fille,

---

1. Flammarion, 2014.

CATHERINE MILLET

cela me faisait souffrir et, en même temps, me montrait qu'une certaine liberté était possible. Il est donc probable que cela ait pu jouer. Il y a peut-être autre chose. J'étais une enfant très croyante et, sans doute, très prétentieuse aussi, car j'étais persuadée que j'aimais tellement Dieu que ce dernier me protégeait. Dans mon souvenir, j'étais aussi une grande menteuse. Au catéchisme, on m'avait expliqué que ce n'était pas bien ; mais j'avais à l'époque une telle complicité avec Dieu – je vais passer pour une grande mégalomane après avoir dit ça – que ça m'autorisait à faire un peu ce que je voulais.

L. S. Vous vous êtes faites toute seule. Vos parents venaient d'un milieu modeste. Vous avez quitté tôt Bois-Colombes pour Paris, où vous ne connaissiez presque personne. Vous vous êtes débrouillée pour travailler aux *Lettres françaises*, la revue dirigée alors par Louis Aragon. Par la suite, vous êtes devenue une grande critique d'art. Étiez-vous ambitieuse ?

C. M. Non, justement. Je n'étais pas ambitieuse, je voulais vivre. Vous savez, j'ai démarré dans la vie en compagnie de Daniel Templon, qui est aujourd'hui un grand marchand d'art. D'ailleurs, je suis en train d'écrire sur cette période des années 1970 ; particulièrement sur les années de démarrage dans la vie : comment se débrouille-t-on quand on a envie d'avoir une autre vie que celle de ses parents dans une banlieue petite-bourgeoise ? Mon ambition, c'était de fréquenter des artistes, des intellectuels, des écrivains. Après, j'ai pris la vie comme elle venait.

L. S. Christiane Taubira affirme qu'une femme puissante est celle qui a réglé ses comptes avec la peur. Êtes-vous d'accord avec ça ? Avez-vous réglé certains comptes avec certaines peurs ?

C. M. Non, je ne pense pas. Quand on écrit, quand on peint, quand on crée, on le fait parce qu'on est habité par une peur.

L. S. Rêviez-vous d'être célèbre ?

C. M. Oui.

L. S. Vous êtes, avec Carla Bruni-Sarkozy, la seule femme que j'ai interviewée qui ose dire qu'elle voulait être célèbre.

C. M. Ah oui ! C'est aussi quelque chose que je raconte dans *Une enfance de rêve*. Ça n'a pas duré longtemps, mais, à une époque, Françoise Sagan était mon idole. Elle donnait l'image d'une femme libre dans sa petite voiture de sport – alors que je ne sais pas conduire.

L. S. Quel objet incarne, pour vous, la puissance des femmes ?

C. M. *Des* femmes, je n'en sais rien ; mais mon objet, c'est un ordinateur. Je crois au pouvoir de l'écrit, c'est-à-dire de ce qui reste, de ce qui vous inscrit dans le temps. Même en tant que journaliste : dans *Art Press*, lorsqu'on défend un artiste peu connu, on le place dans l'Histoire, d'une certaine façon. Comme la revue a presque un demi-siècle, on voit aujourd'hui un intérêt naître pour des créateurs qui ont été négligés pendant de nombreuses années, mais ont été défendus très tôt dans *Art Press*. Je me dis qu'on a peut-être contribué, par l'écrit, à la reconnaissance de certains d'entre eux.

L. S. Votre puissance est liée à votre liberté sexuelle, mais elle concerne aussi – les gens le savent moins – le domaine de l'art. *Art Press* voit le jour en 1972. Cette revue est vite devenue une sorte d'arbitre des élégances : les artistes se damnaient pour avoir une mention dans votre journal. Vous l'avez cofondée avec le collectionneur Hubert Goldet et Daniel Templon, votre compagnon à l'époque. Ce dernier dit de vous : « Le seul militantisme de Catherine, c'est l'art[1]. »

C. M. C'est l'art en tant qu'il sous-entend aussi la liberté d'expression. C'est pour nous quelque chose de très important. Souvent nous publions des éditoriaux pour dénoncer des censures qui provenaient auparavant de la droite, mais aujourd'hui d'une certaine gauche. Mon vrai militantisme est plutôt celui de la liberté d'expression.

L. S. Vous distinguez toujours l'homme de l'œuvre ? Même Louis-Ferdinand Céline, Paul Gauguin et tous ceux qui ont eu des comportements condamnables ?

---

1. Roxana Azimi, « Catherine Millet, une libertine envers et contre toutes », *Le Monde*, 21 mai 2021.

c. m. Bien sûr. Vous savez, concernant *Art Press*, je pourrais ajouter que c'est la revue la plus libre du monde. Inutile de vous dire qu'elle vit chichement. Les gens qui y travaillent acceptent d'avoir des salaires très bas. À cause de la situation qu'on connaît avec la Covid, les collaborateurs ne sont pas payés depuis un certain temps. Mais ils peuvent s'exprimer très librement et dire ce qu'ils veulent sur les institutions, le marché de l'art ou des artistes qu'ils ne trouvent pas très bons. Et ça, c'est ma grande fierté. Vraiment.

l. s. Quel aura été votre rapport à l'art en général et à l'art contemporain en particulier ? Qu'aimeriez-vous qu'on dise de vous plus tard ?

c. m. J'ai pris la liberté de m'intéresser à des artistes très différents les uns des autres. Quand j'ai commencé ma carrière, je parlais d'art conceptuel. C'était un petit peu aride. En même temps, j'ai toujours gardé des attaches avec des peintres traditionnels et je pense que c'est quelque chose d'important. Quand j'ai commencé à publier, même si je n'étais pas toute seule – ce n'est pas pour chercher des excuses –, j'ai dû être assez dogmatique. Puis j'ai mis un peu d'eau dans mon vin. Cela m'a permis de réfléchir d'une manière un peu plus large. Ou de faire aller et venir mon regard sur d'autres choses que celles pour lesquelles j'avais milité au début. J'ai pu le faire parce que j'ai toujours gardé un réel intérêt pour des formes un peu plus traditionnelles. Puis est arrivé ce qu'on a appelé le postmodernisme, le retour à la peinture, etc. Et j'ai été capable d'accueillir ces nouvelles vagues. Dans certains livres que j'ai publiés sur l'art, ce qui m'intéresse est la coexistence de formes d'art très contradictoires. L'art conceptuel, c'est par exemple un petit télégramme épinglé au mur ; à côté de ça, vous pouvez avoir de grands tableaux abstraits ou figuratifs. Ce qui me fascine, c'est comment tout ça peut s'articuler et exprimer une époque.

L. S. En 2001, des millions de Français vous découvrent sur le plateau de l'émission « Bouillon de culture », où vous décrivez votre vie sexuelle et votre plaisir devant un Bernard Pivot enthousiaste : « Ce qui est tout à fait phénoménal, c'est que votre livre est un récit minutieux écrit avec une sorte de sérénité et de placidité presque cliniques. Je n'ai jamais rien lu de tel. Je pense que ce livre restera un classique. » *La Vie sexuelle de Catherine M.* va autant faire scandale que susciter l'admiration. Vous vouliez dire les choses de la manière la plus précise, sans émotion ?

C. M. Bernard Pivot a beaucoup fait pour le succès de ce livre en lui donnant son premier écho public. Dans ce livre, je ne voulais pas simplement rendre compte des actes – à propos desquels il faut être factuel –, mais aussi des sensations. Pas des sentiments.

L. S. Vous parvenez à dissocier le plaisir sexuel du sentiment amoureux. Comme quoi, cette dissociation-là n'est pas réservée qu'aux hommes…

C. M. Oui. À l'époque, quand on faisait ce genre de remarque, j'y voyais une invention des hommes pour être sûrs que les femmes leur restent fidèles. Mais non. Cette idée que les hommes dissocieraient plus facilement que les femmes l'amour de la sexualité relevait pour moi du cliché ou de la littérature. En fait, des amies femmes de ma génération avaient le même comportement que moi sans forcément fréquenter les mêmes milieux libertins. Elles étaient capables de sortir avec un garçon simplement parce qu'elles avaient envie de faire l'amour avec lui. Et elles savaient bien que cela n'irait pas au-delà.

L. S. Pensez-vous qu'on est égales aux hommes sur cette question-là ?

C. M. Je pense qu'on est complètement égales. Et je l'espère bien, d'ailleurs ! Mais les femmes n'utilisent pas leur image sexuelle de la même façon que les hommes. Ces derniers exploitent encore l'image de la puissance sexuelle virile : on est un homme parce qu'on est capable d'avoir beaucoup de conquêtes, de séduire facilement, etc. Les femmes, elles, ont moins valorisé cela.

L. S. C'est pour cette raison, comme le dit Bernard Pivot, que votre livre est un classique. Vous avez montré que les femmes pouvaient aussi s'enorgueillir d'avoir eu des dizaines, voire des centaines, de relations sexuelles.

C. M. Oui, mais s'enorgueillir n'est peut-être pas le bon mot. Moi, je ne suis pas une conquérante, je suis

CATHERINE MILLET

une passive : je ne partais pas à la chasse, je me laissais attraper.

L. S. Y aurait-il une manière féminine de raconter le sexe, qui différerait de celle des hommes ?

C. M. En lisant des auteures qui parlent de la sexualité, j'ai constaté qu'elles étaient peut-être plus littérales, voire plus prosaïques que les hommes. Dans *Histoire d'O*[1], Pauline Réage écrit que l'amant porte des pantoufles. Dans sa préface, Jean Paulhan remarque qu'il n'y a qu'une femme pour parler des pantoufles à côté du lit. Et je pense qu'il a raison.

L. S. Voici ce que la réalisatrice Catherine Breillat, qui a filmé le désir féminin, dit de la différence entre la jouissance féminine et la jouissance masculine :

Chez les hommes, le désir est une chose formidable en tant que passage. Mais, ensuite, la jouissance paraît mettre fin à tout. C'est un peu comme une maison qui s'écroule, un petit machin dérisoire ; il n'y a rien. Alors que femmes passent dans quelque chose d'autre, dans une autre sphère. C'est très intéressant à voir, c'est manifeste. Pourtant, personne ne l'a dit. Ce n'est pas ce qu'on nous enseigne. Au contraire, on nous apprend que le sexe avilit la femme. Moi, je pense que ça la transfigure[2].

---

1. Éditions Jean-Jacques Pauvert, 1954.
2. « Le Bon Plaisir », France Culture, 5 septembre 1998.

LÉA SALAMÉ

C. M. C'est curieux, quand j'entends Catherine Breillat parler de la jouissance suivie d'un « rien » chez les hommes alors que ce serait différent chez les femmes, j'ai l'impression d'être un homme. Je ressens ce « rien » après. Il me semble qu'une des choses qui peuvent faire peur dans la sexualité, c'est que le plus grand des plaisirs vous laisse démunie. Tout est à recommencer.

L. S. Êtes-vous triste après le plaisir, vous ?

C. M. Triste, non. Mais sûrement pas en train de faire travailler mon imaginaire. Le rapport de chacun au plaisir est tellement singulier qu'il est difficile de faire des généralités et d'affirmer que les hommes sont comme ci et les femmes comme ça. J'ai beaucoup réfléchi à ça. Il n'y a pas si longtemps, j'ai écrit un livre sur D. H. Lawrence, l'auteur de *L'Amant de lady Chatterley*[1]. Il a très tôt su parfaitement comprendre ses contemporaines. Ce qu'il montre dans ses livres – et qui n'a fait que se confirmer par la suite –, ce sont ces mouvements féministes nés à la fin du XIXᵉ siècle qui ont donné aux femmes un pouvoir, une indépendance, une émancipation, qui les ont ensuite rendues aptes à chercher le plaisir par elles-mêmes, avec leurs propres moyens. Et nous ne sommes pas sortis de cette période. Cela prend du temps. Tout à coup, j'ai réalisé que des générations et des générations de femmes se sont succédé : mais combien d'entre elles n'ont jamais

---

1. *Aimer Lawrence. Catherine M. rencontre Lady Chatterley*, Flammarion, 2017.

CATHERINE MILLET

connu le plaisir ? Et ça, pour moi, c'est devenu vertigineux. On ne se préoccupait pas du plaisir des femmes. Il fallait qu'elles fassent des enfants, et c'était tout. À partir du moment où elles ont réalisé qu'elles pouvaient aussi avoir et éprouver du plaisir, et qu'elles ont pris leur indépendance pour aller elles-mêmes le chercher, ce fut une vraie révolution.

L. S. Une révolution avant *La Vie sexuelle de Catherine M.* ?

C. M. Bien sûr ! Je ne suis quand même pas la première.

L. S. Vous n'êtes pas la première, mais êtes-vous la meilleure ? « J'avais toujours pensé que, dans le champ de la sexualité, j'étais, de manière illusoire bien sûr, la meilleure, la plus performante », avez-vous déclaré dans le magazine *Elle*. Dans *La Vie sexuelle de Catherine M.*, vous écrivez : « Je suis la meilleure des suceuses » ; « Je baise comme je respire. » Je rougis en lisant ces lignes. Ça veut dire quoi : « Je suis la meilleure… » ?

C. M. Pour travailler sur ce livre, j'ai recueilli des témoignages. C'est parce que j'avais des compliments que je me suis autorisée à écrire cette phrase.

L. S. Ça existe « être un bon coup » ? Pour un homme comme pour une femme ?

C. M. Oui, sûrement. Il y a des gens qui ne sont pas doués pour le plaisir.

L. S. Nous ne sommes pas tous égaux face à l'amour, au sexe, au plaisir?

C. M. Non, je ne pense pas.

L. S. Votre livre était accompagné de photos de vous nue, prises par votre mari, Jacques Henric. La nudité ne vous a jamais gênée? Chez vous, il y a aussi ce genre de photos. Vous vivez avec vos seins, votre sexe, votre intimité exposés sur vos murs…

C. M. Depuis le temps, je ne les regarde plus. Ça ne m'a jamais gênée. Mais c'est bizarre, car j'ai eu des complexes de jeune femme. Être exposée publiquement aurait pu les accentuer. Mais non. Je me souviens d'avoir reçu par courrier des photos de moi commentées par des gens que je ne connaissais pas. Ils étaient très agressifs à mon égard et soulignaient mes défauts physiques, par exemple le fait que j'avais de la cellulite. Un autre m'avait trouvé un profil prognathe. C'était un peu dur, mais le fait d'être exposée dans votre nudité est un vaccin qui vous guérit du narcissisme.

L. S. Les réactions à *La Vie sexuelle de Catherine M.* venaient-elles surtout des hommes ou des femmes?

C. M. Elles ne se manifestaient pas de la même façon. Par écrit, à hauteur de 90%, presque 95%, il s'agissait de réactions d'hommes. Il y avait de tout: celui qui vous racontait sa vie de libertinage; celui qui, au contraire, rêvait d'être libertin mais n'y arrivait pas ; et tous ceux qui me faisaient des propositions.

L. S. Vous répondiez ?

C. M. Au début, toujours. Ces gens me faisaient un tel cadeau en m'écrivant et en participant à ce succès énorme que la moindre des choses était de leur répondre. Par la suite, j'ai un peu moins répondu aux lettres.

L. S. Et les femmes ?

C. M. Elles venaient plutôt me parler, pour me dire : « Bravo ! » ; « Tout ce que vous avez fait, c'est très bien ! » ; « Vous savez, mon ami m'a proposé *ça*, j'hésite un peu. Mais j'ai lu votre livre, alors peut-être que je vais le faire quand même. »

L. S. Est-ce que vous en avez fini avec le libertinage ? Ou est-ce que c'est quelque chose que vous pratiquez encore aujourd'hui à – j'ose dire votre âge – soixante-treize ans.

C. M. C'est fini pour plusieurs raisons. Même si, après tout, je pourrais continuer : dès qu'une photo de moi apparaît dans un magazine, je reçois une ou deux lettres très gentilles à mon égard. J'ai toujours dit que la première raison pour laquelle cela ne pouvait pas se poursuivre, c'est que j'aurais eu l'impression de faire l'actrice dans une adaptation de *La Vie sexuelle de Catherine M.* au cinéma. Vous ne pouvez tout simplement plus vous immerger dedans. Outre cela, il y a le vieillissement. Et le travail, qui a occupé de plus en plus de place.

L. S. Vous dites espérer pouvoir écrire une *Vie sexuelle de Catherine M.* à quatre-vingts ans. La vie sexuelle après soixante, soixante-dix ans, c'est le tabou ultime ?

C. M. C'est vrai qu'il y a très peu de choses sur la sexualité des personnes âgées. Il faudrait en parler. Quand j'ai dit que je voulais écrire une *Vie sexuelle de Catherine M.* à quatre-vingts ans passés, j'étais plus jeune qu'aujourd'hui. Peut-être vais-je reculer l'échéance, quand même !

L. S. Vous n'avez pas envie de l'écrire, le roman de la vieillesse face au désir ?

C. M. Si j'en ai la capacité, si je suis toujours en vie, j'aimerais bien écrire ce livre.

L. S. Le désir existe-t-il encore après soixante-cinq, soixante-dix ans ?

C. M. Oui.

L. S. Faites-vous encore l'amour ?

C. M. Oui, mais pas de la même façon.

L. S. Dans son livre sur la vieillesse[1], Laure Adler prône le *slow sex* après soixante-dix ans. Ce serait, en quelque sorte, le contraire d'un film porno contemporain. Pouvez-vous nous parler de votre nouvelle « façon » de faire l'amour ?

C. M. On n'est évidemment plus dans la performance, on n'a plus à se prouver quoi que ce soit l'un l'autre. C'est plus doux, les corps vieillissent.

L. S. Les corps vieillis sont-ils moins beaux ?

C. M. Oui, bien sûr !

L. S. L'écrivain Yann Moix a-t-il raison de dire qu'un corps de femme de plus de cinquante ans n'est plus désirable ?

C. M. C'est son problème à lui. Je connais des hommes qui aiment les femmes âgées. D'ailleurs, c'est drôle que vous posiez cette question : juste avant, j'évoquais les lettres qui me parviennent encore aujourd'hui ; en l'occurrence, l'une des dernières que j'ai reçues était écrite par un homme qui me confiait aimer les femmes d'un « certain âge ». C'était poli. Bien sûr qu'on n'a plus le même corps qu'à vingt-cinq ans, mais on connaît aussi certaines choses du corps de l'autre. J'ai une vie sexuelle aujourd'hui, mais je la pratique en couple. Oui, c'est différent.

---

1. *La Voyageuse de nuit*, Grasset, 2020.

L. S. Voici justement ce que votre mari – l'homme de votre vie depuis longtemps –, l'écrivain Jacques Henric, dit de vous :

> JACQUES HENRIC — Quand j'ai connu Catherine, elle était plus jeune que moi. J'avais trente ans, elle avait une vingtaine d'années. Et je suis tombé amoureux d'elle. On m'avait quand même appris, dans le petit milieu, qu'elle avait des mœurs très libres. Même si on ne me l'avait pas dit, elle m'a dès le début raconté les choses qu'elle faisait. Catherine était quelqu'un qui pouvait alimenter mes fantasmes, et donc ma littérature. J'avais devant moi, face à moi, avec moi, à côté de moi, une femme qui, dans le fond, était déjà l'incarnation de ce qu'allaient être mes personnages. Si on lit les romans que j'ai publiés, on retrouve des scènes qui sont racontées par Catherine.

> JOURNALISTE — Donc, jamais de jalousie ?

> JACQUES HENRIC — Qui peut dire ça ? La jalousie, c'est le ciment social. S'il n'y avait pas de jalousie, il n'y aurait pas Marcel Proust, il n'y aurait pas James Joyce…

L. S. Il y a un envers à cette vie de libertine : votre mari a, lui aussi, eu des aventures de son côté. Et cela a provoqué en vous une immense jalousie, que vous avez racontée dans le livre *Jour de souffrance*[1]. On visualise Catherine Millet libre et libertine. Mais Catherine Millet jalouse… On vous attendait moins dans ce registre.

C. M. J'ai voulu écrire ce livre sur la jalousie dès les premiers jours qui ont suivi le succès de *La Vie sexuelle*

----

1. Flammarion, 2008.

de Catherine M. Dans la mesure où je présentais ce livre comme la vérité sur ma vie sexuelle, je pensais avoir le devoir, vis-à-vis des lecteurs, d'aller jusqu'au bout de cette vérité : leur dire qu'en effet j'ai eu ces pratiques, mais que ça ne m'a pas empêchée d'éprouver un très fort sentiment de jalousie qui m'a rendue complètement folle.

L. S. Vous avez surveillé votre mari, avez fouillé dans ses affaires, son courrier. Vous vous êtes traînée par terre parce qu'il vous trompait. Vous aviez le droit de le tromper, mais pas lui ?

C. M. Non, c'est exactement le contraire. Puisque j'en avais le droit, il en avait le droit aussi. Je ne pouvais pas le lui interdire. Du coup, ça me faisait souffrir.

L. S. Voici ce que dit Gisèle Halimi de la jalousie chez Simone de Beauvoir :

Découvrir que Simone de Beauvoir était jalouse m'a fait un plaisir fou. Parce que je me suis dit : « Elle, elle peut être jalouse », alors que, moi, je me l'interdisais au nom de la liberté de l'autre, de la raison, de l'intelligence, etc. Je me suis rendu compte qu'il y avait au fond deux démarches, qui ne coïncidaient pas toujours et quelquefois étaient parallèles. On pouvait avoir très mal, mais on devait supporter, surmonter ça. Pas seulement au nom de l'intelligence, mais au nom d'une chose plus importante : rester ensemble[1].

---

1. « Du côté de chez Fred », Antenne 2, 1989.

C. M. Je suis complètement d'accord avec ça. C'est exactement ce que je pense. Souvent, la souffrance ne vient pas seulement du sentiment de jalousie lui-même, mais aussi du fait de vous trouver en contradiction avec votre propre philosophie. Si vous demandez la liberté pour vous, il faut aussi l'accorder à l'autre. Et l'assumer.

L. S. « Je passe pour une femme qui n'a pas besoin de protection, écrivez-vous. C'est l'un de mes regrets. On peut être une femme de tête, dans tous les sens du mot d'ailleurs, intellectuellement et en tant que chef, et avoir la nostalgie de la petite fille qu'on aimerait être encore[1]. »

C. M. Oui, c'est vrai. Quel que soit notre rôle social, on a tous un coin au fond de nous où l'on garde des faiblesses qui viennent de l'enfance. Il faut les accepter. J'ai choisi de vivre avec un homme qui n'est pas du tout comme ça. Il peut exercer une forme de protection, mais n'est pas du genre à me prendre par les épaules et à me dire : « Ma pauvre petite chérie, je comprends à quel point tu souffres. » Je suis complètement frustrée de ça.

L. S. Si *La Vie sexuelle de Catherine M.* était publié aujourd'hui, aurait-il autant de succès et de retentissement ?

C. M. J'aurais peut-être plus de féministes contre moi. En ce moment, ça y va fort. C'est drôle, d'ailleurs : il y a

---

1. « L'autre visage de Catherine M. », *Elle*, 2008.

vingt ans, je n'ai pas eu autant d'attaques de la part de féministes.

L. S. Mais votre livre était féministe !

C. M. Oui, il a souvent été considéré comme tel. Quand je suis partie aux États-Unis en assurer la promotion, des amis m'ont mise en garde contre les mouvements féministes américains qui allaient l'attaquer. Finalement, il y a eu très peu d'attaques.

L. S. Venons-en à l'objet du crime, Catherine Millet. Je veux bien sûr parler de la tribune qui a fait couler tant d'encre. Quelques semaines après l'explosion de l'affaire Weinstein et du mouvement #MeToo, vous faites partie du collectif de 100 femmes qui publie une tribune intitulée « Nous défendons une liberté d'importuner[1]... », dans laquelle vous allez jusqu'à défendre les « frotteurs » du métro. Pour beaucoup de jeunes féministes, vous devenez alors la figure de l'antiféminisme, la défenseure du patriarcat. L'essayiste Marcela Iacub voit en vous « la porte-parole d'une culture machiste en voie de disparition ». Tandis que vous êtes violemment critiquée, et les féministes se déchirent au-dessus de votre tête. Qu'est-ce que cela vous a fait ? Avez-vous été heurtée ? Ou êtes-vous restée indifférente ?

---

1. « Nous défendons une liberté d'importuner, indispensable à la liberté sexuelle », *Le Monde*, 9 janvier 2018.

C. M. Ça me désole pour elles parce qu'elles sont, à mon avis, en train de passer à côté d'un rapport décomplexé à la sexualité. Craindre qu'un type vous fasse une réflexion salace dans la rue, ou qu'il ait un geste déplacé, manifeste une peur de la sexualité. Même si je ne nie pas qu'on puisse avoir peur.

L. S. Mais on ne parle pas de ça. La question est celle du consentement.

C. M. Mais oui, bien sûr. Qui a dit qu'il ne fallait pas que ça soit entre deux personnes consentantes ?

L. S. Vous. Quand on lit cette tribune, on se dit que vous ignorez la notion de consentement. Quand un homme vous touche les fesses dans le métro, vous n'avez pas consenti.

C. M. Qui a dit cela ?! Vous lui dites d'arrêter !

L. S. Presque quatre ans après la publication de cette tribune, est-ce que vous regrettez ? N'y avait-il pas une autre urgence à défendre que de faire l'apologie des « frotteurs » dans le métro ?

C. M. Je ne regrette pas du tout. Aussi, c'est très intéressant que vous posiez la seconde question de cette façon-là. Ma première intervention sur cette question-là fut un éditorial dans *Art Press*. À l'époque, il était motivé par la une du journal *Le Monde* sur le mouvement

#MeToo, ou #BalanceTonPorc, et qui occupait plus de place qu'un attentat ayant eu lieu en Égypte, qui avait fait 80 morts. J'ai trouvé la disproportion entre les deux événements très choquante. Que ces filles mettent sur le même plan le viol – que je n'ai bien sûr jamais défendu, cela va de soi – et une main baladeuse dans le métro était pour moi quelque chose de vraiment déplacé. Et c'est de très mauvaise foi qu'on nous a reproché de minimiser les viols et les agressions sexuelles. Ajoutez à cela l'impact des réseaux sociaux : des hommes qui avaient eu un mot ou un geste malheureux se retrouvaient avec une vie bousillée. Pourquoi me suis-je tant enthousiasmée pour écrire cette tribune ? Parce que j'ai vu des professeurs dans les écoles des beaux-arts accusés, souvent à tort et de façon expéditive, se faire virer. Pour rien ! Les filles qui les avaient mis en cause n'allaient même pas porter plainte et disparaissaient dans la nature. C'était horrible.

L. S. Bien sûr qu'il peut y avoir des excès. Mais ce n'est pas la majorité. La plupart des femmes qui ont parlé ont subi.

C. M. Qu'est-ce qui vous permet de dire ça ?

L. S. Toutes ces femmes sont des menteuses ?

C. M. Non, je ne dis pas ça. Je pense qu'il y a eu une sorte d'hystérie collective sur les réseaux sociaux. Et que certaines femmes ont fait l'amalgame entre ce qui peut être un crime – à savoir un viol – et un geste ou un mot malheureux.

L. S. Voici ce que dit l'écrivaine Leïla Slimani de cette tribune et de vous :

> Mon avis est très différent du sien, mais je n'aime pas non plus l'idée de la vouer aux gémonies ou dire que cette femme est scandaleuse. Elle a sa vision du monde, elle a le droit de penser ça. Et je ne pense pas pareil. Aujourd'hui, ce qui est important pour les femmes c'est, au contraire, de réussir à obtenir le droit de ne plus être importunées. Un homme qui fait ça est un homme qui s'avilit. Et si telle est la vision qu'on a des hommes – des hommes qui nous frotteraient et nous qui l'accepterions –, je trouve cela triste pour eux, pas seulement pour moi*.

L. S. Qu'en pensez-vous ?

C. M. C'est déjà gentil qu'elle accepte qu'on puisse ne pas être d'accord avec elle. Après cette tribune, des femmes prenaient la parole pour nous dire : « Taisez-vous ! » Elles nous reprochaient d'avoir pris cette parole et refusaient le débat. J'ai entendu des choses absolument incroyables, de l'ordre de la demande de censure.

L. S. On a l'impression que vous êtes parfois capable de tout pour un bon mot, pour choquer, pour provoquer, pour être à rebours de l'air du temps. Comme chez Baudelaire, il y a chez vous ce plaisir aristocratique de déplaire. Cette tribune sur la « liberté d'importuner » n'était-elle pas mue par la volonté d'aller contre cette explosion soudaine de la parole des femmes? De la parole de celles qui s'étaient senties victimes? Elles mettaient enfin des mots sur leur vécu, elles s'exprimaient, et vous êtes arrivées avec cette tribune en disant: « Allez, stop, c'est nul. »

C. M. Pas du tout. D'abord, nous n'avons jamais dit stop! Elles pouvaient s'exprimer. Et l'on pouvait exprimer le contraire. Nul désir de provocation ne sous-tendait notre propos. Nous avons agi par conviction. Et nous avons été assez étonnées de l'écho rencontré. Je ne suis pas d'accord avec Leïla Slimani quand elle affirme que les hommes s'avilissent. Je n'ai pas cette perception. Un homme qui se trouve dans la situation de satisfaire son désir par un tel geste est un homme qui souffre. Et, bien sûr, je ne dirais pas cela de tous les « importuneurs ».

L. S. C'est ce que j'allais vous répondre! Vous diriez qu'un homme qui viole une femme est un homme qui souffre?

C. M. Non, non, non! Pourquoi faire ces raccourcis? Ce n'est pas ce qu'on souhaite exprimer! J'ai – comment dire? – une forme d'empathie, presque de pitié, pour un homme qui se trouve dans cette situation de ne pouvoir assouvir un désir que de manière très furtive dans le métro. Oui, je crois qu'il faut aussi avoir un petit peu d'empathie avec les hommes, pas exclusivement avec les femmes.

L. S. Quatre ans après la déflagration qu'a provoqué le mouvement #MeToo, où sont le grand puritanisme et la censure que vous redoutiez ?

C. M. Partout. La demande de censure, ne serait-ce que dans le monde de l'art, est permanente. Et pas seulement sur la question du féminisme, mais aussi sur la question du racisme. S'il y a une chose dont je souffre aujourd'hui, comme beaucoup de gens de ma génération qui ont cru à certaines valeurs d'ouverture d'esprit, de tolérance, c'est de voir que tout cela est en train d'être balayé.

L. S. Je ne peux pas ne pas parler de ce que vous avez dit à propos du viol : « Je ne comprends pas les femmes qui souffrent d'avoir été violées. » Ou : « Je regrette beaucoup de ne pas avoir été violée. Parce que je pourrais témoigner que du viol on s'en sort. » Est-ce que vous regrettez ces phrases-là ?

C. M. Peut-être. On m'a mal comprise. Et peut-être me suis-je mal exprimée. Sur la question du viol, ma conviction est que la personne humaine a un corps et ce qu'on appelait auparavant une âme, ou un esprit, ou une conscience. Si on abîme votre corps, qu'on le prend par violence, cela n'abîme pas votre âme ni votre esprit. Pourquoi se sentent-elles salies ? C'est comme si elles étaient coupables. Elles doivent comprendre, dans leur conscience, que si elles n'étaient pas consentantes, elles ne sont pas complices. Je vois dans cette plainte une sorte de résidu de l'idée selon laquelle une femme violée est en quelque sorte complice, qu'elle a aguiché son violeur. Ce résidu fait que des femmes restent, dans leur esprit, prisonnières du viol qu'elles ont subi.

L. S. Elles ne peuvent tout simplement pas faire autrement. Certaines se sentent salies, sentent que leur âme est salie.

C. M. Si vous voulez. Je ne suis pas psychanalyste ni médecin.

L. S. J'entends bien.

C. M. Que voulez-vous que je dise d'autre que ça ?! Essayez de vous en sortir. Prenez exemple sur des femmes qui ont subi le même traumatisme que vous et qui, elles, s'en sont sorties. Voilà.

L. S. Votre enfance, Catherine Millet, a été dure. Vous dites que vous l'avez vécue dans une atmosphère de drame permanent. Votre frère est mort jeune dans un accident de voiture. Vos parents ne s'aimaient pas et faisaient chambre à part. Votre mère vous parlait de ses amants. Quelle mère était-elle ?

C. M. C'est une femme qui a souffert et a fini par se suicider. L'image que je garde d'elle est celle d'une femme se débattant pour tenter de vivre malgré les difficultés conjugales et les problèmes financiers. Elle essayait quand même de faire les choses bien. Notamment de bien élever ses enfants. Elle s'est débattue.

L. S. Quel rôle votre père a-t-il joué dans la femme que vous êtes devenue ?

C. M. L'image que j'ai de lui n'est pas exacte. Celle que ma mère et sa mère m'ont donnée de lui était celle d'un libertin. À l'époque, on disait « un coureur de jupons ». Je ne suis pas sûre qu'il l'était à ce point. Mais c'était l'image qu'on m'en donnait…

L. S. « Les chiens ne font pas des chats. »

C. M. Oui, peut-être que ça m'a orientée.

L. S. Vous n'avez pas eu d'enfants. Est-ce par choix ? Ou est-ce ainsi qu'est allée la vie ?

C. M. Les deux.

L. S. Est-ce que c'est un regret ?

C. M. Je n'ai aucun regret. J'ai déjà tellement de mal à gérer ma vie en général, et ma vie professionnelle en particulier, que si j'avais eu en plus la responsabilité d'un enfant, je ne sais pas comment je m'en serais sortie.

« Dès qu'une femme
devient "puissante",
on la dit "autoritaire"... »

— Anne Hidalgo

La moitié des Parisiens voit en elle la visionnaire de la ville de demain. Elle ulcère l'autre moitié, qui conspue la reine des embouteillages et de l'urbanisme politiquement correct. Anne Hidalgo ne laisse personne indifférent. Longtemps numéro 2, dans l'ombre de Bertrand Delanoë et de Martine Aubry, elle fait aujourd'hui de l'écologie avec Arnold Schwarzenegger et Leonardo DiCaprio. Elle est aussi la seule Française à figurer en 2020 dans le top 100 des personnalités les plus influentes au monde dressé par le magazine *Time* (même Emmanuel Macron n'y figurait pas cette année-là). C'est une femme sereine et assurée que nous avons rencontrée, en décembre 2020, quelques mois avant qu'elle déclare sa candidature à la présidentielle. On a essayé de cerner l'ambitieuse et très secrète Anne Hidalgo.

LÉA SALAMÉ

À quel moment de votre vie vous êtes-vous sentie puissante ?

ANNE HIDALGO

Je ne sais pas si je me sens puissante. Ce n'est pas une question qui me taraude. Quand j'étais petite, bien que timide, j'ai toujours voulu être libre et choisir ma vie. Je ne voulais pas qu'on me mette dans une case. Tous mes rêves étaient liés à ça. Est-ce que c'est ça, être puissante ? J'aime la puissance en tant que force intérieure, celle qui fait qu'on va puiser dans son histoire, ses racines, ses rencontres. Ce quelque chose qui vous permet de vous dépasser en permanence. Comme les héroïnes du livre *Trois Femmes puissantes*, de Marie NDiaye.

L. S. Toutes les femmes que j'ai interrogées ont eu du mal à accepter l'idée de leur puissance. Sauf une, Nathalie Kosciusko-Morizet, votre rivale malheureuse à la mairie de Paris en 2014, qui assume :

> Oui, je suis une femme puissante. Comme vous. Et comme toutes celles qui nous écoutent, si elles le veulent bien [...]. Je pense qu'il y a confusion entre le pouvoir et la puissance. Pour moi, être une personne de pouvoir est le fait d'une position : on a du pouvoir sur les choses, sur les autres [...]. Être une personne puissante relève plus de l'intime. C'est être dans son axe, avoir trouvé son équilibre*.

A. H. Je suis d'accord avec elle. La puissance est un mot que les femmes manient avec prudence parce qu'il provient d'un langage et de codes masculins. Quand elle est entendue comme l'affirmation d'un pouvoir, d'une position, ou le fait de décider seul contre tous, la puissance ne m'intéresse pas. En revanche, j'y adhère quand elle permet d'accéder à des responsabilités pour faire bouger les choses. Quand elle implique une part de soi. Je rejoins Nathalie Kosciusko-Morizet quand elle dit que la puissance relève de l'intime.

L. S. Aujourd'hui, vous sentez-vous « dans votre axe », pour reprendre son expression ? Vous sentez-vous plus puissante, plus sûre de vous qu'avant ?

A. H. Oui. Très longtemps, je me suis posé cette question : « Est-ce vraiment ce que je veux faire ? » Lorsque j'ai été élue conseillère municipale en 2001, pendant mes cinq premières années de mandat, il n'y avait pas un jour où je ne me posais pas cette question. J'arrivais dans un monde où la bienveillance n'était pas au coin du couloir. J'avais décidé d'être là, je m'y étais engagée (on n'accède pas à ce poste-là sans le profond désir d'y parvenir). Au sein de cette arène politique, je voyais beaucoup de femmes qui se posaient exactement les mêmes questions que moi. C'est comme si nous étions arrivées là par effraction. On nous tolère dans la galerie. Mais nous avons énormément de difficultés à être perçues comme crédibles. Est-ce vraiment dans cet univers que j'ai envie de m'accomplir ? Est-ce que ça va me rendre heureuse ? Cela m'a pris du temps, mais j'ai fini par trancher. Et je suis restée.

L. S. Je demande à chaque femme de choisir un objet qui incarnerait la puissance. Lequel avez-vous choisi ?

A. H. Un cendrier ! Même si je ne fume pas ! Je l'ai fabriqué en 1982. À l'époque, j'étais stagiaire dans une usine de fabrication de bouteilles à Veauche, dans la Loire. Je voulais devenir inspectrice du travail. À mon arrivée, le chef du personnel et la direction de l'usine ne voulaient pas que j'aille dans les ateliers, qui étaient réservés aux hommes. Ils avaient peur que ça se passe mal. J'avais vingt-deux ans et, à force de me battre, j'ai fini par obtenir le droit d'y aller. Et tout s'est très bien passé. La fraternité régnait. Je revois les ouvriers sortant le verre en fusion du four, tordant les bords pour en faire un cendrier, puis me donnant un gros marqueur pour réaliser les petits motifs et les dessins que vous voyez là. On pourrait trouver ce cendrier kitsch ; moi, je le trouve beau par son histoire. Il m'est très précieux. En me l'offrant, les ouvriers m'ont fait don d'un peu de leur créativité au sein d'une chaîne de production difficile, contrainte.

L. S. Vous apparaissez sur la scène politique en 2003. Vous êtes alors première adjointe au maire de Paris, Bertrand Delanoë. Voici ce que dit de vous un journaliste de France 3 :

C'est la caution féminine de l'Hôtel de Ville. Potiche ? Certainement pas. Postiche ? Peut-être. Bertrand Delanoë la met en avant lorsqu'il a besoin d'un sourire. Elle n'est pas forcément dans le coup ni de toutes les décisions. À l'écart ? Bien sûr que non. Juste un tout petit peu à côté... Ce décalage, Anne Hidalgo savait qu'il faudrait le supporter mais, certains jours, cela doit bouillir derrière la beauté sereine de ce visage de madone andalouse.

A. H. C'était bien plus compliqué que ça. Je me souviens de la discussion que j'avais eue avec Bertrand Delanoë juste avant l'élection. « Si on gagne, lui avais-je dit, je ne serai pas un alibi. » Je ne savais pas ce qu'impliquait le fait d'être élue. J'avais tout à apprendre. Le lendemain de mon élection, alors que je n'avais même pas encore eu le temps de prouver quoi que ce soit, *Le Monde* écrivait que j'étais un alibi.

L. S. Voici ce qu'on pouvait lire à votre propos : « Elle n'est là que grâce à Bertrand Delanoë » ; « Elle n'est pas au niveau » ; « Jeune et jolie brune politiquement inexistante » ; « Mme Nunuche » ; « la Cruche » ; etc.

A. H. Il vaut toujours mieux être lucide et savoir ce qu'on dit de vous. Pendant quatre ans, quand on me rapportait ces paroles, je ne savais pas si je devais rester ou partir. Finalement, j'ai décidé de rester car cette ville me passionne. J'ai appris. La position de première adjointe me permettait d'aller partout. Alors je suis allée partout, en immersion avec les policiers, les pompiers, etc.

L. S. Est-ce à cause de ces attaques, qui datent maintenant d'une vingtaine d'années et qui vous sous-estimaient à l'époque, que vous vous êtes blindée ? Est-ce pour cette raison que vous êtes passée de « nunuche » à « clivante », « cassante », « autoritaire » ? Fallait-il en passer par là pour se faire respecter ?

A. H. Je ne suis pas du tout blindée, comme vous dites. Quand on se blinde, on n'est plus tout à fait humain. La fonction d'élue, de représentante de la population, se construit aussi à partir de nos fêlures, de nos fractures, de nos fragilités. C'est la condition pour comprendre le monde.

L. S. Quand on dit de vous que vous êtes cassante ou autoritaire, c'est donc faux ?

A. H. C'est faux, c'est une construction théorique. Dès que les femmes accèdent à des positions de pouvoir, dès qu'elles deviennent « puissantes », on les affuble de ces adjectifs. J'ai beaucoup discuté de sororité avec d'autres femmes qui évoluaient dans le monde économique ou politique. Toutes ont été la cible des mêmes attaques au même moment. D'un coup, elles devenaient « autoritaires », « n'écoutaient pas », etc. Or le seul fait d'exercer le pouvoir, donc de trancher, implique cette position. À l'inverse, quelqu'un qui ne prendrait jamais de décision susciterait un autre type de critique : « Elle n'a rien compris, elle ne décide rien. »

L. S. Les femmes à qui on fait le reproche d'être trop autoritaires ou cassantes répondent qu'on ne le dirait jamais à un homme. N'est-ce pas un peu facile de s'abriter derrière le statut de femme ?

A. H. Ce n'est pas une question de statut, mais de représentation. Oui, il y a une représentation construite et admise autour des femmes de pouvoir, qui consiste à dire qu'elles sont autoritaires et décident seules.

L. S. Une autre femme a beaucoup souffert de ces attaques quand elle était candidate à l'élection présidentielle, c'est Ségolène Royal. Voici ce qu'elle dit :

Je me suis imposé à moi-même la loi du silence. J'encaissais en me disant que si je me plaignais, on allait dire : « Vous voyez : elle se plaint, les femmes ne sont pas solides » ; ou : « Elle manque d'humour, on disait ça pour rigoler. » Comme les femmes sont considérées comme des intruses, on met en cause jusqu'à leur intelligence. Combien de fois m'a-t-on traitée de folle ? Dès que je disais quelque chose qui ne leur plaisait pas, j'étais folle.

A. H. Elle a entièrement raison. Les choses se passent ainsi.

L. S. Ça n'a pas changé ?

A. H. À l'échelle municipale, les choses ont beaucoup changé. Surtout dans le regard des citoyens, qui sont plus avancés que le monde politique ou médiatique sur les sujets de parité et de représentation de la femme.

L. S. Ségolène Royal est « folle » et vous, « autoritaire ».

A. H. On a aussi dit de moi que j'étais folle ou que mes décisions étaient guidées par l'émotion.

L. S. Anne Hidalgo, les insultes à votre égard ont atteint leur paroxysme lors de votre grande guerre contre la pollution et les voitures à Paris. Les automobilistes, notamment tous ceux venant de banlieue, restaient bloqués des heures dans les embouteillages à cause des travaux d'aménagement de voies cyclables. Lorsque vous avez fermé les quais à la circulation, n'êtes-vous pas allée trop vite ? Avez-vous écouté les critiques ? La droite vous conseillait de prendre votre temps.

A. H. Non, car l'accélération de la lutte contre la pollution (donc de la diminution de la voiture à Paris) avait été tranchée dans le débat des municipales de 2014. Ce fut une épreuve du feu. Mes opposants de droite voulaient à tout prix ralentir ces travaux pour que je ne puisse pas présenter ce bilan à la fin de mon mandat. Et pour pouvoir dire ensuite : « Vous voyez, elle est incapable de décider et d'agir. À la moindre turbulence, les choses s'arrêtent. » C'est une tactique purement politicienne.

L. S. N'entendiez-vous pas les Français se plaindre des heures passées dans les bouchons ? Et appeler à votre démission ?

A. H. J'avais prévenu mes équipes que ça allait être très, très dur. Mettre en œuvre une proposition votée trois ans auparavant, sur laquelle des concertations ont eu lieu (et dont toutes les étapes légales nécessaires avaient été validées), ce n'est pas ce que j'appelle une exécution dans la rapidité. Surtout quand on sait le rôle de la pollution dans le réchauffement climatique. Par ailleurs, cette idée selon laquelle je déciderais seule ne correspond absolument pas à la réalité. Ma façon de fonctionner est collégiale. J'écoute, je réunis, j'associe. Ensuite, vient le moment où il faut donner le cap. C'est mon rôle. Ce que racontent les éditorialistes tous les matins est une autre histoire.

L. S. Ils vous tapaient dessus pratiquement tous les matins?

A. H. J'avais le sentiment qu'il y avait deux mondes parallèles: le monde du réel et le monde de la haine. J'ai tenu grâce à tous les témoignages d'affection de ces personnes qui me disaient de ne pas lâcher.

L. S. Est-ce pour cette raison que vous aimez « Résiste », la chanson de France Gall? Est-ce qu'elle vous a aidée en 2018, une année particulièrement dure pour vous? En plus des critiques des automobilistes, certains de vos proches, comme Bruno Julliard, votre premier adjoint, vous ont quittée.

A. H. J'adore cette chanson. Elle m'accompagne depuis sa sortie. J'aime l'idée de résister et de chercher son bonheur partout, d'avancer. À condition de le faire sans blesser les autres. Ceux qui m'ont quittée n'étaient pas des proches. Quand, dans votre entourage, certains passent leurs journées à essayer de vous faire chuter, les voir partir est un soulagement. Le jour où ils s'en vont, votre vie change, en mieux.

L. S. Comment tient-on dans ces moments ?

A. H. Je puise ma force intérieure dans mes amis, ma famille, mes enfants. Dans ma propre réflexion aussi.

L. S. Vous ne doutez jamais ?

A. H. Si.

L. S. Vous arrive-t-il de pleurer ?

A. H. Pas du tout. Je ne suis pas fébrile. Face à une situation très compliquée, où il y a peu d'alliés, je cherche à constituer une équipe loyale, qui partage les mêmes valeurs et convictions, sans chercher autre chose. Une équipe entièrement dévouée à réaliser ce pour quoi nous avons été élus.

L. S. S'il y en a un qui pense que « pouvoir et femme » ne vont pas ensemble, c'est Éric Zemmour. Voici ce qu'il déclarait à la journaliste Ruth Elkrief sur BFM TV :

ANNE HIDALGO

Dans les milieux de pouvoir, il n'y a pas de femmes. Je pense qu'il y a un lien entre le pouvoir et la virilité depuis la nuit des temps. Dans l'histoire de France, les femmes ont toujours été des régentes. Elles n'expriment ni n'incarnent le pouvoir. C'est comme ça. Les femmes sont incompatibles avec l'incarnation du pouvoir. Dès qu'elles arrivent, le pouvoir s'évapore.

L. S. Beaucoup d'hommes (et même certaines femmes) pensent comme lui.

A. H. Certes, mais ils sont de moins en moins nombreux. Quand on observe les nouvelles générations, on constate à quel point les femmes et les hommes se rapprochent, et parviennent à effacer les différences imposées par le patriarcat depuis que l'humanité existe.

L. S. Y a-t-il une manière féminine d'exercer le pouvoir, différente de celle des hommes ?

A. H. La différence réside dans la vie que nous avons. Les femmes doivent justifier en permanence qu'elles ont un cerveau et qu'il peut servir à l'extérieur, pas simplement dans le foyer. C'est beaucoup plus fort qu'un petit mec qui s'excitera tout seul dans son coin, à dire : « Je suis un homme, je suis viril et les femmes n'ont pas de pouvoir. »

L. S. Est-ce à cause de ces attaques-là qu'il y a, malgré la loi sur la parité, si peu de femmes en politique ?

A.H. Il y a effectivement très peu de femmes, en partie à cause de l'âpreté de ce combat et le fait que l'on prend beaucoup de coups, qu'on expose sa famille et ses enfants (qui, eux, n'ont pas choisi cette vie). Cela fait réfléchir. Aujourd'hui encore, tous les hommes n'acceptent pas de vivre avec des femmes qui occupent une position associée à la puissance. Prenez par exemple les directeurs de cabinet qui travaillent avec une femme politique : tous n'aiment pas cet exercice, loin de là.

L.S. Un ministre à qui je demandais pourquoi l'on voit si peu de femmes exercer des postes importants en politique m'a répondu : « Elles sont nulles. Elles ne savent pas s'exprimer, ne savent pas bien communiquer. » Est-ce totalement faux ?

A.H. Quelle horreur ! C'est le modèle qu'il faut changer. L'expression virile d'une personne tellement sûre d'elle qui donne l'impression de tout écraser ne m'intéresse pas.

L.S. Une femme ministre qui hésite, a du mal à s'exprimer, a peur, n'est-ce pas inefficace vis-à-vis du message politique qu'elle veut délivrer ?

A.H. Je n'en sais rien. Et si c'était plus efficace qu'un homme avec des certitudes et qui arrive comme un rouleau compresseur ? Quand j'étais jeune élue, je présidais différents comités liés à la lutte contre le cancer du sein. En concertation avec les médecins libéraux, les radiologues, nous devions choisir une directrice médecin. Parmi la quantité de CV que nous examinions, il y avait une jeune femme médecin, mère de cinq enfants. Seule femme du jury, j'observais la réaction des hommes qui ont tous mis de côté ce CV. Cinq enfants, vous n'y pensez pas. Je leur ai demandé de le reconsidérer, en leur expliquant qu'avec cinq enfants et une telle carrière, elle devait être sacrément brillante et organisée. À la fin, c'est elle qui a emporté le poste, à l'unanimité. Quel est donc le baromètre ? Il faut changer ce modèle d'arrogance d'un pouvoir qui vous serait dû et s'exprime avec brutalité. Vous avez raison, la parole est quelque chose de très important. Prenez l'exercice du discours lors d'un meeting. C'est peut-être plus difficile pour une femme parce qu'il y a là quelque chose de sexuel qui consiste à « prendre la salle ». Quand une femme arrive, qu'elle est seule au milieu de la tribune, elle se sait regardée. Il faut qu'elle se dépasse, qu'elle donne de la voix – pas forcément haut ni fort – et qu'elle touche. Je me suis souvent demandé comment faire. J'ai observé des modèles féminins de discours comme ceux d'Hillary Clinton, qui est une très grande oratrice. Ou Michelle Bachelet[1], qui captive son audience avec douceur, méthode et détermination.

L. S. Anne Hidalgo, beaucoup de femmes de pouvoir gomment leur féminité pour se faire respecter, être crédibles. Ça n'a jamais été votre cas ?

_____

1. Présidente de la République du Chili de 2006 à 2010 et de 2014 à 2018.

A. H. Sûrement pas. C'est un sujet dont j'ai souvent parlé avec Élisabeth Guigou et Martine Aubry. Prendre l'uniforme m'arrive de temps en temps, comme aujourd'hui, où j'ai décidé de porter un tailleur-pantalon. J'aurais tout aussi bien pu mettre une robe ou une minijupe.

L. S. Après cinquante ans, on a donc le droit de porter des minijupes !

A. H. Bien sûr qu'on a le droit ! Si vous en avez envie, vous le faites. C'est tout.

L. S. Vous racontez que, plus jeune, lors des congrès internationaux, des hommes plus âgés vous proposaient de les rejoindre dans leur chambre.

A. H. Je n'avais pas trente ans. Le soir, quand je rentrais dans ma chambre d'hôtel, j'avais une pile de messages d'hommes. Dans ces cas-là, vous vous dites : « Mais comment c'est possible ? Qui sont ces gens qui ne savent pas se tenir ? »

L. S. Vous avez subi le sexisme.

A. H. À un certain point, oui. En politique et dans la vie professionnelle.

L. S. Avez-vous été surprise par l'ampleur du mouvement #MeToo et par le nombre vertigineux de femmes victimes de harcèlement ou d'agressions sexuelles ?

A. H. Non, cela m'a paru conforme à la réalité. J'appartiens à une génération qui n'est pas allée jusqu'à balancer.

L. S. Aujourd'hui, il y a plusieurs manières d'être féministe. En voici deux, très différentes. Alice Coffin, élue écologiste de votre majorité, pour qui : « Nous sommes encore dans un système de société qui tourne autour de la figure de l'homme et du père, que cela soit dans la sphère du foyer ou dans la sphère politique. Nous avons toujours eu des présidents de la République hommes, et le pouvoir est encore incarné par les hommes. Évidemment, tout ce qui tend à venir remettre en question cette mainmise sur les structures de pouvoir et sur les récits, telle que l'information, est perçu comme une menace. » Et Élisabeth Badinter : « Entre hommes et femmes, je crains le séparatisme et la méfiance réciproque. J'entends beaucoup de jeunes hommes qui ne savent plus comment faire, quoi dire. Un mot peut vous clouer au pilori. Je vais vous le dire : j'étouffe. »

L. S. Est-ce que vous aussi, comme Élisabeth Badinter, vous étouffez parfois ?

A. H. Je m'inscris dans un féminisme plus proche de celui d'Élisabeth Badinter que de celui d'Alice Coffin, un féminisme qui se bat pour l'égalité, pas pour la différence. En revanche, les féministes d'aujourd'hui ne me heurtent pas. Nous avons aussi besoin de cette radicalité. Il faut du courage pour dire « je balance mon porc ».

Nous ne sommes pas là pour fracturer le féminisme. Je n'adhère pas à l'idée selon laquelle c'est dans le droit à la différence qu'on va trouver la place respective des hommes et des femmes. Il faut aller vers une indifférenciation des rôles sociaux entre les hommes et les femmes qui, à mon sens, réside dans l'universalisme. Mais il ne faut pas opposer l'universalisme à celles qui mènent des luttes plus radicales. Je pense notamment aux femmes lesbiennes et au combat d'Alice Coffin.

L. S. Alice Coffin fait partie de votre majorité à la mairie de Paris. Lorsque vous avez rendu hommage à Christophe Girard, votre adjoint d'alors à la Culture, elle a crié : « La honte, la honte ! », en raison de ses liens avec l'écrivain Gabriel Matzneff, ainsi que d'une affaire de viol, qui sera classée sans suite. Comment réagissez-vous ?

A. H. Ce n'était tout simplement pas le lieu. Quand on est élue de la République, on n'est pas activiste. Surtout au moment où l'on siège. Bien que l'activisme soit quelque chose d'important, il faut comprendre que, dans l'enceinte où nous agissons en tant qu'élu, nous représentons plus que nous-même.

L. S. Anne Hidalgo, vous êtes née en Espagne, dans une famille modeste. Comme nombre d'Espagnols antifranquistes dans les années 1960, votre père a décidé de fuir l'Espagne pour la France. Lorsque vous arrivez en France avec vos parents et votre sœur, à l'âge de deux ans, vous

vous appelez alors Ana. À quel moment Ana est-elle devenue Anne?

A. H. Assez vite, dès mon arrivée à l'école. Nos prénoms ont été francisés sans qu'on nous le demande et, dans mon cas, sans que cela me gêne. Avec mes parents, on parlait espagnol. Avec ma sœur, de deux ans mon aînée, nous parlions français. On passait donc d'une langue à l'autre de façon naturelle. Nous avions une volonté farouche d'intégration, notamment dans l'école républicaine, et par l'école républicaine. De fait, j'aime bien avoir ces deux prénoms. Mes amis en Espagne m'appellent Ana. Ici, c'est Anne. Et cela me va bien, ces deux parts de mon histoire se mélangent harmonieusement. Très vite, j'ai pris conscience de cette multiplicité et je me suis forgé une identité européenne concrète.

L. S. Vous sentez-vous redevable envers votre père? Vous dites d'ailleurs être devenue féministe contre lui parce qu'il était macho.

A. H. Mon père était un homme génial. Il était à la fois très moderne parce qu'il nous a poussées, ma sœur et moi, à faire des études. D'un autre côté, c'était un Espagnol du sud de l'Espagne. Il a donc fallu prendre sa liberté. À aucun moment il ne nous a dit qu'il y avait des métiers pour les femmes et d'autres pour les hommes. À ses yeux, rien n'était trop beau pour que nous nous réalisions. De ce point de vue, il était très féministe.

L. S. «Mon père, avez-vous dit, a toujours voulu nous protéger, ma sœur et moi, des inégalités et du racisme. Toute petite, j'ai pris conscience de l'étiquette "fille d'immigrés". Au collège, on a dit à mon père que secrétaire de direction, ce serait déjà bien pour ses filles.»

A. H. Mon père était très engagé. Il n'avait pas fait d'études, il avait dû arrêter l'école à quatorze ans. Il était électricien. C'était un autodidacte. Il s'intéressait beaucoup à l'école, lisait énormément. À la maison, il y avait beaucoup de journaux. C'était un passionné d'actualité, de politique. Il essayait de nous accompagner, de nous protéger du racisme dans le regard des autres, des attitudes blessantes. Ce sont des choses que j'ai vues, entendues. L'école a été extraordinaire pour moi. Ma sœur et moi avons été très bien accompagnées dans notre scolarité. Mais, parfois, le racisme surgissait. Comme cette institutrice de CE2 qui a lancé: «Ce ne sont quand même pas les petites Espagnoles qui vont être les premières de la classe.» Grâce à mon père, je n'ai nourri aucune aigreur. Il nous disait: «Ce n'est pas dans la revanche qu'on construit quoi que ce soit, mais dans la recherche de sa liberté.»

L. S. Anne Hidalgo, est-ce que l'aboutissement de tout cela serait que la fille d'immigrés espagnols, issue d'un milieu modeste, devienne un jour présidente de la République française?

A. H. Qu'un jour une femme issue d'un milieu modeste, voire de l'immigration, soit élue présidente de la

République française, ce serait formidable. Mais ce n'est pas le sujet du jour.

L. S. Certes, mais je vous pose quand même la question, car elle est de plus en plus d'actualité. 2022 approche…

A. H. C'est un sujet qui renvoie à l'offre politique. J'y prendrai toute ma part. Il faut absolument que ce pays puisse respirer démocratiquement. Que nous ne soyons pas contraints par un pré-choix, avec trois candidats déjà connus et pour lesquels il faudrait absolument voter : Emmanuel Macron, Marine Le Pen et Jean-Luc Mélenchon. Puisque ce sont eux que l'on cite en permanence. Certes 2022 approche, mais on a le temps de construire quelque chose qui ne soit pas juste une aventure individuelle.

L. S. « Être maire de Paris, disiez-vous avant de le devenir, ça fait des années que j'y pense en me maquillant le matin. » En vous maquillant le matin, pensez-vous à la présidence de la République ? Répondez honnêtement, franchement.

A. H. Non. En revanche, je pense qu'il faut donner à notre pays un choix plus large. Faire en sorte que ce qu'on appelle la social-écologie, l'humanisme, ainsi qu'une approche démocratique apaisée puissent enfin s'exprimer. Le drame de cette élection française, c'est qu'on la résume à une envie personnelle, alors qu'il s'agit d'un destin collectif.

L. S. Est-ce qu'on peut, comme les hommes, tout avoir : une grande carrière, une vie de famille, une vie amoureuse ? Ou faut-il forcément faire des sacrifices ?

A. H. Je ne veux pas faire de sacrifices, j'essaie de tout avoir. Ce qui est sûr, c'est que je suis heureuse dans ma vie.

L. S. « Les hommes de ma vie ont eu du mal à accepter ma réussite », dit Christine Lagarde. Est-ce que cela a aussi été votre cas ?

A. H. Non, vraiment pas. Je ne veux surtout pas que mes deux fils grandissent dans l'idée qu'ils seraient coupables d'être des garçons.

L. S. On parle souvent de la différence d'âge entre Emmanuel et Brigitte Macron. Vous aussi êtes une précurseure : vous avez sept ans de plus que votre mari.

A. H. Quand on s'est connus, cela m'a beaucoup travaillée. À l'époque où il avait quatorze ans, j'en avais vingt… C'est beaucoup quand même ! Nous sommes encore dans un système de société qui tourne autour de la figure de l'homme et du père, que cela soit dans la sphère du foyer ou dans la sphère politique. Nous avons toujours eu des présidents de la République hommes, et le pouvoir est encore incarné par les hommes. Évidemment, tout ce qui tend à venir remettre en question cette mainmise sur les structures de pouvoir et sur les récits, telle que

ANNE HIDALGO

l'information, est perçu comme une menace. Peut-être par gentillesse, les gens faisaient mine de ne pas voir notre différence d'âge.

L. S. Prendre de l'âge, vieillir, est-ce difficile ?

A. H. Non. Je pensais que c'était plus difficile que ça. Avec le temps, on finit par trouver le chemin pour se connaître soi-même. Ce qu'on ne veut pas, on l'apprend finalement assez vite ; ce qu'on veut, c'est plus compliqué. On vieillit, on change. Le visage et le corps ne sont plus les mêmes ; je dis souvent à mes amies : « En fait, il vaut mieux fêter ses anniversaires que de ne pas les fêter. » On est vivant, on est là, et il y a tant de choses à faire. On se sent beau dans le regard de ceux qui nous aiment. C'est ça qui compte.

« Depuis peu,

j'exige qu'on m'appelle

madame LA colonelle. »

— Karine Lejeune

Elle n'est pas bien grande, mais elle impose immédiatement le respect à ses troupes. Longtemps, les femmes ont été considérées comme des intruses dans la gendarmerie. Aujourd'hui encore, elles ne sont que quatorze en France à avoir le grade de colonelle. Karine Lejeune a été porte-parole de la gendarmerie, a dirigé les 745 gendarmes et les 420 réservistes de la gendarmerie de l'Essonne[1]. C'est là qu'on l'a rencontrée. Elle est maintenant auditrice au Centre des hautes études militaires. Elle a fait une révolution féministe dans la caserne. Elle est cheffe mais aussi une pionnière dans la lutte contre les violences faites aux femmes. Y a-t-il une manière féminine de « cheffer » ? Faut-il se viriliser pour imposer son autorité ? Karine Lejeune a des idées très claires sur le sujet.

---

1. Karine Lejeune a quitté ses fonctions à la gendarmerie de l'Essonne en août 2021 pour rejoindre le Centre des hautes études militaires (Paris).

LÉA SALAMÉ

Colonelle Karine Lejeune, à quel moment de votre vie vous êtes-vous sentie puissante?

KARINE LEJEUNE

Il faudrait déjà savoir ce qu'est une femme puissante. Pour moi, c'est quelqu'un qui va déployer une force intérieure pour agir et avoir un effet concret sur son environnement personnel ou professionnel. Certains de mes pairs ou de mes chefs considèrent peut-être que je suis puissante dans mes fonctions. J'espère faire bouger les lignes, imprégner ma marque.

L. S. Votre lieutenant disait qu'une femme et un homme, « ce n'est pas la même chose ». Y a-t-il une manière féminine d'exercer son autorité?

K. L. Je n'en suis pas certaine. La particularité d'un chef militaire – c'est ce que je suis – est d'exercer l'autorité, de commander. Commander, ce n'est pas inné, cela s'apprend. De fait, si les hommes peuvent l'apprendre, les femmes le peuvent aussi. C'est peut-être plus difficile pour une femme, car on nous a inculqué, lorsque nous étions petites filles, la douceur, l'empathie et à rester en retrait. Et qu'on a appris aux petits garçons qu'ils pouvaient avoir de l'autorité, de la force, et devaient s'imposer. Pour un chef militaire homme ou femme, la particularité est qu'on est avant tout chef. En arrivant ici, vous avez d'ailleurs croisé des personnes qui vous ont dit: « C'est *la colonelle*, mais ça aurait bien pu être *le colonel*; ça ne fait pas de différence pour nous. »

L. S. Ils ne vous regardent ni comme un homme, ni comme une femme, mais comme leur cheffe ?

K. L. Oui, car c'est ce qu'ils attendent. Un chef militaire. Celui ou celle qui guide, qui donne la mission. Que l'on soit homme ou femme n'a donc pas tellement d'importance.

L. S. Comment vous appelle-t-on : madame le colonel ou madame la colonelle ?

K. L. Avant cela m'était égal. Mais depuis quelques années, j'ai fait ma mue. Désormais, je préfère qu'on m'appelle « madame la colonelle, commandante de groupement ».

L. S. Pourquoi avoir fait votre mue ?

K. L. Longtemps, je suis partie du principe que le grade était une fonction et qu'il n'y avait donc aucune raison de le féminiser. Et il est toujours facile de se retrancher derrière le fait que « la cheffe » ne « sonne pas très bien ». Après avoir tenu ce discours, j'ai fini par changer ma façon de voir. Tout simplement parce que sans féminisation des fonctions, l'invisibilité des femmes se perpétue dans les postes de commandement ou à responsabilité. Enfin, rien ne m'agaçait plus que d'entendre : « La colonelle, c'est la femme du colonel ! », comme dans les films de gendarmes de Louis de Funès. C'était il y a cinquante ans. Aujourd'hui, cela fait bien longtemps que la femme du colonel a sa propre carrière, et que c'est une femme qui a pris la place du colonel! Cette visibilité a aussi pour but de changer les mentalités.

L. S. Est-ce que cette image du gendarme et des gendarmettes, telle qu'on la voit dans les films avec Louis de Funès, vous fait toujours rire? Ou est-elle complètement dépassée?

K. L. C'est une image d'Épinal plutôt sympathique, car le gendarme Cruchot est obséquieux envers son chef, un homme rigide, voire psychorigide. On peut y retrouver les anciennes générations et s'y attacher, même si c'est à mille lieues de la gendarmerie d'aujourd'hui.

L. S. C'est vrai qu'il y a encore quelques années on appelait les lieutenantes les « dindes » ?

K. L. À l'École des officiers de la gendarmerie nationale (EOGN), mes camarades de promo affublaient le personnel féminin de ce surnom. Comme je m'entendais bien avec eux, que j'étais la bonne copine et qu'ils m'aimaient bien, j'ai échappé à ce sobriquet. Pour eux, j'étais la « gonzesse ». Dans leur bouche, c'était déjà la catégorie au-dessus. Je n'étais pas une « dinde », j'étais une « gonzesse ».

L. S. Au début de votre carrière, l'un de vos supérieurs vous a vraiment dit « Les femmes sont incongrues dans la gendarmerie » ?

K. L. C'était lors d'une intervention à l'EOGN. Nous formions une très grosse promotion avec 250 officiers, dont seulement 5 femmes. Un général était venu nous expliquer ce qu'il attendait des futurs jeunes lieutenants. Et il avait eu cette phrase : « Pour moi, les femmes sont incongrues dans la gendarmerie. » Or, quelques mois plus tard, j'ai été affectée sous ses ordres. Après m'avoir demandé si j'avais été présente lors de son discours, il m'a dit : « Eh bien, je le pense. » « Eh bien, c'est dommage », ai-je répondu. Quand vous êtes jeune lieutenante, que voulez-vous répondre à un général qui vous déclare que cela lui fait mal de signer des congés maternité ? Depuis 1983, les femmes peuvent intégrer l'armée, il va falloir faire avec.

L. S. Lorsque vous l'avez revu plus tard, est-ce que vous lui avez rappelé ses propos ?

K. L. J'avais raconté cette anecdote dans un article de *L'Express*. Quelques semaines avant de prendre le commandement du groupement de gendarmerie de l'Essonne, je reçois un message : « C'est le général, vous vous souvenez de moi ? Je viens de lire un article où vous relatez une anecdote qui me concerne. J'aimerais en parler avec vous. » J'ai vraiment cru que j'allais me faire sermonner. Quand je l'ai eu au téléphone, il était étonné que je n'aie pas oublié ses propos. Comment aurais-je pu ? J'étais jeune, je sortais de l'école, cela m'avait énormément marquée. J'avais pris sa déclaration comme une forme de violence. Certes, cela ne m'a pas empêchée d'évoluer dans la gendarmerie, où les femmes sont désormais partout, dans toutes les unités. Après notre échange téléphonique, il m'a envoyé un SMS pour me souhaiter une bonne réussite dans mon commandement, en signant « Le général incongru ».

L. S. Vous dites que les femmes sont aujourd'hui partout dans la gendarmerie. Il y a vingt ans, lorsque vous avez débuté, elles ne représentaient que 1 %. Mais on ignore que, jusqu'en 1998, un quota bloquait leur proportion à 7 %. Y a-t-il encore des réticences pour les femmes à s'engager dans le métier de gendarme ? On entend encore qu'il vaut mieux être un homme pour procéder à une arrestation ou pour affronter des manifestants violents. Entendez-vous ces arguments-là ?

K. L. Ce n'est pas cet aspect-là qui pourrait freiner des femmes à entrer dans les forces de sécurité. Il y a deux ans, je suis intervenue devant des étudiants de Sciences Po pour leur présenter la gendarmerie et les inciter à rejoindre notre institution. À la fin de mon intervention, des jeunes femmes sont venues me voir pour me dire qu'elles avaient été surprises par le fait que j'étais mariée et avais des enfants, et que je pouvais concilier une vie professionnelle sur le terrain avec une vie de famille. Devenir gendarme leur semblait d'un coup envisageable : elles pourraient tout faire, tout mener. Ça m'a marquée. Cette image des métiers de sécurité pratiqués uniquement par des hommes reste encore bien ancrée, même si l'on arrive de plus en plus à la gommer. J'ai mal aux oreilles lorsque j'entends que je fais un « métier d'homme ». Je ne fais pas un « métier d'homme », mais un métier d'autorité, de sécurité.

L. S. Pardon d'être un peu cash : quand vous devez arrêter un individu qui fait 2 mètres et qui a plus de force que vous, comment faites-vous ?

K. L. Nous sommes entraînés pour ça et n'intervenons jamais seuls. S'il le faut, nous appelons des renforts. Nous avons aussi des moyens (qu'on appelle des armes de force intermédiaire) : un bâton de protection ou un pistolet à impulsion électrique s'il faut maîtriser une personne en crise. Nous avons aussi appris à nous servir de notre arme à feu. La force ne fait pas tout, elle est même très peu utilisée. Quand on en arrive à se battre à mains nues, c'est que la situation a vraiment dégénéré.

L. S. Est-ce que cela vous est arrivé ? Par ailleurs, avez-vous déjà utilisé votre arme à feu ?

K. L. Jamais. Comme tous les gendarmes, je suis entraînée pour le faire et j'espère que cela ne se produira pas.

L. S. Vous arrive-t-il de recevoir des remarques sexistes sur le terrain ?

K. L. Être une gendarme féminin, c'est un peu l'équivalent de la double peine. Les gens ne sont pas forcément contents de se faire contrôle par un gendarme, alors, s'il s'agit d'une femme, ça peut devenir encore plus problématique. À cela s'ajoutent parfois des remarques lourdes, comme « J'aimerais bien être fouillé à corps » ou « Madame la gendarme, passez-moi les menottes ».

L. S. Vous avez passé tous les concours de gendarmerie, y compris les plus difficiles, notamment celui de l'École de guerre, où vous étiez la seule femme de votre promotion. Y a-t-il eu des remarques désobligeantes quand vous avez été promue colonelle ?

K. L. Je n'ai jamais rien entendu en face mais, bien évidemment, il y a toujours cette suspicion de discrimination positive : être la seule femme de sa promotion, c'est bien parce qu'il fallait qu'il y en ait une ! Alors qu'il n'y en avait aucune dans la promotion d'avant ni dans celle d'après. J'ai rarement fait attention à d'éventuelles remarques à ce sujet, car j'ai passé les mêmes concours que mes camarades masculins, j'ai le même parcours et commandé les mêmes unités. J'ai aussi occupé des postes difficiles, dont beaucoup d'hommes ne voulaient pas, comme celui de porte-parole de la gendarmerie nationale.

L. S. Êtes-vous favorable aux quotas et à la discrimination positive pour aller plus vite et plus loin dans la féminisation ?

K. L. C'est l'éternel débat : si on ne tord pas un peu le système, on n'avance pas suffisamment vite ; pour autant, contraindre le système, ne serait-ce qu'un peu, engendre une certaine suspicion, même vis-à-vis de femmes qui ont réussi parce qu'elles en avaient les compétences.

L. S. Je demande à chaque femme que j'interviewe d'apporter un objet qui évoquerait leur puissance. Lequel avez-vous choisi ?

K. L. Mon sabre. Pour moi, il a deux particularités. La première : c'est un symbole de puissance, de pouvoir, car c'est l'arme que les officiers portent lors des cérémonies militaires. La seconde : c'est le sabre que j'ai fait faire en sortant de l'École des officiers de la gendarmerie nationale. Il est gravé aux noms de mes deux grands-pères, qui s'appelaient Lejeune et Bignand, et étaient tous les deux gendarmes. Lejeune, c'est le nom de mon père. Il a fait toute sa carrière dans la gendarmerie mobile et a fini major de gendarmerie. Il est très fier de sa fille et moi de lui.

L. S. Vos deux grands-pères étaient gendarmes, votre père aussi. Et c'est vous la plus gradée de la famille.

K. L. Oui, je suis le premier officier – ou la première officière – de la famille. L'autre particularité, c'est que je représente la quatrième génération de gendarmes, car un de mes arrière-grands-pères maternels était adjudant à cheval. Ma grande fierté est d'être la première femme de la famille à avoir embrassé cette carrière. Malheureusement, mes grands-pères ne m'auront pas vue avec l'uniforme de gendarme.

L. S. Il y a des femmes puissantes qui, lorsqu'elles accèdent à des postes de pouvoir, vont cacher leur féminité. C'est le cas de la chirurgienne Chloé Bertolus. Quand elle était cheffe de service, elle prenait garde de ne pas mettre de talons ni de maquillage, et surtout pas de jupe, pour se faire respecter des internes comme des patients. Avez-vous aussi, à un moment donné, voulu gommer votre féminité et vous viriliser pour être crédible?

K. L. Me viriliser, non; me rendre un peu discrète, oui. L'avantage, quand on est gendarme, c'est l'uniforme. Ce dernier ne sied pas toujours aux femmes. Les uniformes ont souvent été conçus pour des hommes, et par des hommes qui ne devaient pas aimer les femmes. Nous avons par exemple eu la jupe-culotte, qui était absolument monstrueuse. Pour les cérémonies, nous devions mettre un imperméable qui ne ressemblait absolument à rien, tandis que les hommes avaient droit à un très beau manteau d'hiver. Pour autant, au sujet de l'apparence, lorsque j'étais à l'École des officiers de la gendarmerie nationale, je n'étais pas maquillée et ne portais pas de bijoux. Et j'avais les cheveux courts.

L. S. Aujourd'hui, vous avez les cheveux longs et vous portez des bracelets. En entrant dans votre grand bureau, mon œil a été captivé par cette petite chaussure à talon.

K. L. C'est une petite chaussure à talon dorée avec de petits strass. Cet objet de prestige a été réalisé il y a quelques années par le Sirpa-Gendarmerie[1]. J'ai fait des pieds et des mains pour en récupérer une, car je trouve ça totalement improbable, décalé. Mais aussi car j'aime beaucoup le strass, c'est mon côté un peu « *girly* ». Je trouve ce petit objet, doté d'une flamme de la gendarmerie, absolument génial. Je l'aime beaucoup.

L. S. Karine Lejeune, voici ce que Christiane Taubira, lors de son entretien pour « Femmes puissantes », dit de la peur :

La puissance d'une femme, c'est son rapport à la peur – quand elle a réussi à l'évacuer totalement. Je crois que de toutes les émotions, de tous les sentiments, la peur est vraiment le seul qui soit capable de paralyser, donc de neutraliser vos capacités, vos potentialités, votre réactivité. C'est le seul capable de vous empêcher, de vous interdire. [...] Cela fait longtemps que j'ai réglé mes comptes avec la peur*.

L. S. Est-ce que, vous aussi, vous avez réglé tous vos comptes avec la peur ?

K. L. J'exerce un métier dangereux, où je peux être prise pour cible, j'ai donc encore une certaine appréhension. Je vis avec elle. Au début, je ne la ressentais pas. C'est devenu le cas depuis que j'ai des enfants. J'ai cette peur que mon métier m'amène à l'inéluctable.

---

1. Service d'information et de relations publiques des armées.

L. S. La rencontre quotidienne avec la violence et la mort est inhérente au métier de gendarme. Lors de votre première semaine comme officier de gendarmerie, vous avez été immédiatement confrontée aux deux.

K. L. Lors de mon premier jour sur le terrain, à la compagnie de gendarmerie de Palaiseau, dans l'Essonne, j'ai dû me rendre dans une station-service pour un vol à main armée. Ensuite, deux heures plus tard, je découvrais un cadavre. Il s'agissait d'un vieux monsieur qui s'était tiré un coup de fusil de chasse dans la tête. Pour une première découverte de cadavre, c'était sanglant. Trois ans durant, ça n'a pas arrêté. J'en ai vu des cadavres. On me surnommait « le chat noir de Palaiseau ». Plus personne ne voulait être de service avec moi.

L. S. Comment se protège-t-on quand on voit des scènes de crime, de suicide ou de mort violente ?

K. L. On réussit à prendre du recul grâce au travail d'investigation. On est en mission pour rendre compte de ce qui s'est passé. Cela protège un peu. Nous faisons aussi très attention aux gens qui peuvent être sous le choc. Entre gendarmes, on peut parfois plaisanter entre nous pour évacuer le stress. Il y a des affaires que j'ai oubliées, et d'autres que je garde en mémoire, même vingt ans plus tard.

L. S. Par exemple ?

K. L. Je me souviens d'une intervention qui a eu lieu un 24 décembre. Nous intervenons parce qu'un tout-petit de vingt-quatre mois s'est noyé dans la baignoire alors que toute la famille s'affairait à préparer le repas de Noël. Il avait déjà pris son bain et avait voulu y retourner avec son cousin, à peine plus âgé. Et il s'est noyé. À l'époque, même si je n'avais pas d'enfants, ce fut extrêmement compliqué à gérer. Aujourd'hui, ce serait encore pire.

L. S. Le moment le plus dur de votre carrière, ce fut la mort du colonel Arnaud Beltrame. Après un attentat terroriste, il est décédé des suites de ses blessures. Il avait quarante-quatre ans et a donné sa vie pour sauver celle d'une femme prise en otage dans un supermarché de Trèbes. Vous étiez porte-parole de la gendarmerie au moment de l'hommage national.

K. L. Arnaud Beltrame est mort dans un acte d'un courage et d'un héroïsme absolument incroyables. Il s'est substitué à cette femme, lui a sauvé la vie et a perdu la sienne. Cet hommage national était difficile à plus d'un titre. D'abord, on enterrait l'un des nôtres. Ensuite, Arnaud avait fait partie de ma promotion à l'École des officiers de la gendarmerie nationale. Je le connaissais, nous avions de très bons amis en commun. Deux ou trois ans avant sa mort, nous nous étions revus à Paris et avions échangé sur nos parcours, sur nos vies. C'était aussi très dur de voir une partie de ma promotion réunie dans la cour d'honneur des Invalides, devant le cercueil, sans pouvoir être avec eux. J'étais sur un plateau de télévision où, en tant que porte-parole de la gendarmerie nationale, je remplissais ma mission.

L. S. Les agressions physiques sur les gendarmes ont augmenté de près de 80 % en dix ans. Pourquoi ? Est-ce que vous comprenez le divorce entre la gendarmerie, la police et une partie de la population ?

K. L. Non, je ne comprends pas. Nous représentons l'ordre, nous sommes là pour protéger la population. De temps en temps, nous devons réprimer ce qui est illégal, ce qui est violent, ce qui ne doit pas être. J'ai infiniment de mal à saisir cet accès de rage et de violence qui peut faire aller jusqu'à vouloir tuer un gendarme ou un policier. Nous savions que notre métier était dangereux, mais, là, nous sommes arrivés à un point où la peur et le respect de l'autorité, au sein d'une partie de la population, ont disparu.

L. S. De l'autre côté, il y a ce qu'on appelle les « violences policières ». C'est quelque chose que vous reconnaissez ou que vous réfutez ?

K. L. « Violences policières » est une expression inappropriée. Parce que la police comme la gendarmerie ont des prérogatives de coercition qu'elles appliquent dans un cadre juridique clair. S'il y a des débordements, ils sont individuels et doivent être sanctionnés fortement, ne serait-ce que pour être crédibles et avoir des forces de sécurité intérieure irréprochables. Mais jeter l'opprobre sur 250 000 gendarmes et policiers parce que l'un d'eux a eu une attitude complètement inacceptable. Je refuse cet amalgame.

L. S. Karine Lejeune, vous êtes colonelle de gendarmerie, vous avez été porte-parole de la gendarmerie nationale, mais il y a aussi un domaine que vous connaissez très bien : les violences faites aux femmes. Vous êtes à l'origine, il y a quinze ans maintenant, du chiffrage des violences conjugales. Comment cela s'est-il passé ?

K. L. Nous sommes deux à avoir travaillé sur ce dossier. À l'époque, j'étais affectée à la Délégation aux victimes, qui relève du ministère de l'Intérieur[1]. Avec Maryvonne Chapalain, une commandante fonctionnelle de police très impliquée dans la lutte contre les violences faites aux femmes, nous avons décidé d'objectiver ce phénomène. Nous voulions comptabiliser ce que nous n'appelions pas encore « féminicides », mais « homicides au sein du couple ». Comme nous n'avions pas de logiciel informatique ni de bases statistiques qui nous permettraient d'extraire ces données, nous nous sommes mis en tête de les compter. Maryvonne pour la police nationale ; moi pour la gendarmerie nationale. Ce fut un travail de longue haleine. Il a fallu obtenir une méthodologie, appeler chaque service de police et chaque unité de

---

1. DAV (Délégation aux victimes), structure nationale et permanente créée en 2005 et rattachée au ministère de l'Intérieur.

gendarmerie pour faire sortir le dossier dès qu'une information nous remontait, etc.

L. S. Une fois que tous les éléments ont été rassemblés et que le comptage final a été fait, vous êtes arrivées à un résultat terrifiant : en France, une femme est tuée tous les trois jours sous les coups de son conjoint. Quelle a été votre réaction ?

K. L. Cela a été un choc. Nous avons été abasourdies par ce chiffre. Pour nous, il était tout simplement impensable, dans un pays comme la France, qu'il y ait autant de féminicides. Le seul point positif, c'est qu'on parvenait enfin à objectiver ce phénomène.

L. S. Les gouvernements passent, les chiffres ne changent pas. Mais les initiatives se font, il y a des campagnes de sensibilisation. Servent-elles vraiment à quelque chose ?

K. L. Elles sont là pour alerter le grand public et changent beaucoup de choses.

L. S. Vraiment ?

K. L. Je vais vous donner un exemple. Il y a quelques semaines, nous avons lancé une campagne de sensibilisation sur les violences faites aux femmes dans le département de l'Essonne. Nous avons utilisé des supports du quotidien, comme les sacs à baguettes de pain ou les sachets en pharmacie. Et nous sommes allés au contact des gens sortant des boutiques. D'anciennes victimes de violences nous ont dit tout le bien qu'elles pensaient de ce dispositif, ne serait-ce que pour savoir quel numéro joindre en cas de problème. D'autres, qui n'étaient pas confrontées directement à ces difficultés, nous ont dit à quel point il mettait la lumière sur quelque chose qu'elles ne connaissaient pas bien. Le jour où quelqu'un de leur entourage fera face à ce problème, ces personnes sauront quoi faire.

L. S. C'est aussi ce que dit Marlène Schiappa[1]. On n'a jamais autant parlé des violences faites aux femmes. Or, depuis le Grenelle contre les violences conjugales[2], les chiffres n'ont pas changé, ils semblent même bien pires.

K. L. Les chiffres sont pires parce que le nombre de plaintes a augmenté. C'est d'ailleurs une bonne chose. Augmenter le nombre de plaintes, c'est réduire le chiffre noir.

L. S. Pendant longtemps, les femmes n'étaient pas écoutées lorsqu'elles allaient au commissariat. On leur disait : « Merci, madame, revenez quand il frappera de nouveau. » Ou bien on prenait leur plainte et il ne se passait rien. C'est un problème, qu'il s'agisse des policiers

---

1. Ministre déléguée auprès du ministre de l'Intérieur depuis 2020, chargée de la Citoyenneté.

2. Ensemble de tables rondes organisées par le gouvernement français entre le 3 septembre et le 25 novembre 2019.

ou des gendarmes : pendant des décennies, ils n'ont pas écouté ces femmes.

K. L. Car ils n'ont pas été formés pour ça. C'est ce que nous entendions de la part des associations : « Les policiers et les gendarmes accueillent mal, ils ne savent pas faire, etc. » En quinze ans – époque depuis laquelle je travaille sur le sujet –, un énorme travail a été accompli. Même les associations le reconnaissent.

L. S. Aujourd'hui, quand une femme porte plainte dans n'importe quel commissariat de France, est-elle entendue ?

K. L. Oui. Les dispositifs sont connus. Il y a des permanences d'associations et d'intervenants sociaux dans les commissariats et dans les gendarmeries. Les gendarmes sont désormais formés à l'école et continuent à l'être sur le terrain.

L. S. La révolution #MeToo a explosé il y a maintenant quatre ans. Avez-vous été étonnée par tous ces témoignages de femmes harcelées et agressées sexuellement ?

K. L. Non. Mais les hommes, à l'intérieur de mon milieu professionnel, ont été surpris par l'ampleur de ce phénomène. J'ai eu des conversations avec certains de mes camarades ou des chefs qui n'en revenaient pas. Je leur disais : « Vous avez des filles, des sœurs, une femme. Posez-leur la question. Vous croyez quoi : qu'on ne vit pas ça tous les jours ? » Je pense que les femmes n'ont pas été fondamentalement surprises par #MeToo ; pour certains hommes, cela a été un vrai déclic, voire une claque. Ils ignoraient ce que les femmes peuvent vivre au quotidien.

L. S. À l'aune de vos années d'expérience de gendarme, diriez-vous que les hommes sont plus violents que les femmes ? Ou simplement qu'ils s'autorisent davantage qu'elles à exprimer leur violence ?

K. L. Je pense qu'ils l'expriment plus. C'est ce que l'on ressent dans l'inconscient collectif. On dit d'un homme qu'il « pète un plomb », car, finalement, c'est un homme et c'est un peu normal. Une femme, elle sera immédiatement qualifiée d'hystérique, elle aura des troubles psychologiques ou psychiatriques, bref : elle aura un problème. La violence est beaucoup plus tolérée pour les hommes ; du coup, la société la rend plus tolérable. C'est un problème.

L. S. Votre mari est informaticien. « Jamais je n'aurais eu un tel parcours sans lui », avez-vous déclaré. Pourquoi ?

K. L. Il m'a toujours soutenue et a toujours été présent. Y compris avec les enfants. Nous formons un couple très équilibré, où il n'y a pas de compétition.

L. S. Un couple équilibré à votre avantage : « Il a pris du retard dans sa carrière pour moi », avez-vous dit.

K. L. C'est lui qui a pris le congé parental à temps partiel, quand nous avons eu notre premier fils et que j'étais en poste de commandement. On parle souvent de la difficulté qu'ont les femmes à gérer à la fois leur vie professionnelle et leur vie familiale, rarement de celle des hommes. Ça n'a pas été simple pour lui : son patron l'a très mal pris et était même près de le mettre à la porte. Mon mari a pris un peu de retard dans ses perspectives de carrière.

L. S. N'était-il pas jaloux de la vôtre ?

K. L. Jamais. Lorsque j'ai été nommée porte-parole de la gendarmerie nationale, je l'ai appelé pour lui annoncer la nouvelle. Aussitôt, je lui ai dit : « Bon, il va falloir augmenter le temps de présence de la nounou, car ça va être compliqué en ce qui concerne les horaires », en m'attendant à une remarque de sa part. Pas du tout : « C'est génial, m'a-t-il répondu. Ce n'est pas grave. On va s'arranger. »

L. S. Vous avez de la chance.

K. L. J'ai une perle, c'est indéniable.

L. S. Diriez-vous que votre mari est féministe ?

K. L. Complètement. Il est très attentif à l'égalité entre les femmes et les hommes, ainsi qu'à la façon dont on peut lutter contre les stéréotypes et à celle d'élever nos deux garçons.

L. S. Comment les élevez-vous? J'ai lu que vous leur achetez indifféremment des jouets de filles et des jouets de garçons…

K. L. Je leur achète ce qu'ils aiment. Quand ils étaient petits, ils ont voulu une poussette. Et ils ont eu leur poussette. Ils ont aussi eu une cuisine, car ils aimaient jouer à la dînette. Aujourd'hui, ils sont plutôt «commando».

L. S. Est-ce qu'ils sont fiers que leur mère soit colonelle de gendarmerie? Ou est-ce qu'ils s'en fichent?

K. L. Ils en sont fiers. Je me rappelle quand j'ai pris mon commandement. Il y a toujours une passation entre l'ancien commandant de groupement et le nouveau. Ainsi, le général vous donne le commandement; vous vous adressez ensuite à la troupe qui est sur les rangs et vous donnez vos ordres. Une fois la cérémonie militaire terminée, mon fils de cinq ans est venu me voir et m'a dit: «Maman, c'est quand tu as parlé aux gendarmes que j'ai compris que c'était toi la cheffe.» J'ai trouvé ça adorable. Voilà, maman est colonelle, c'est elle qui commande.

L. S. Une femme cheffe d'état-major des armées, c'est de la science-fiction?

K. L. Pas du tout. Ça viendra un jour, peut-être.

L. S. Qu'est-ce qui vous indigne?

K. L. La violence contre les enfants. C'est quelque chose qui me rend folle. Ça m'insupporte, ça me fait mal.

L. S. Vous dites que vos enfants vous ont « fragilisée ». En quoi ?

K. L. Oui. Ils m'ont rendue plus sensible, surtout sur ce sujet-là. Quand on touche aux enfants, j'ai l'impression qu'on touche aux miens. J'ai l'impression d'éprouver la douleur que pourraient ressentir mes enfants. C'est insupportable.

L. S. Quand avez-vous pleuré pour la dernière fois ?

K. L. C'est une bonne question. À la mort d'Arnaud Beltrame.

L. S. « Liberté, Égalité, Fraternité » : que préférez-vous ?

K. L. Fraternité. Et sororité.

« En devenant

présidente d'un groupe

comme la RATP,

on peut se sentir puissante. »

— Catherine Guillouard

« L'inconnue du métro » avait titré le journal *Libération* pour son portrait. L'inconnue du métro est pourtant l'une des rares grandes patronnes au sommet d'un monde économique qui compte encore bien peu de femmes. Après avoir été directrice financière d'Air France, elle dirige aujourd'hui la Régie autonome des transports parisiens (RATP), gère 12 millions de voyageurs quotidiens, 65 000 salariés, et un chiffre d'affaires annuel de plus de 5 milliards d'euros. Issue d'une famille modeste, rien ne la prédestinait à entrer à l'École nationale d'administration (ENA), puis à diriger de grandes entreprises. Elle aime dire qu'elle est un pur produit de la méritocratie à la française. Petite, lunettes rondes à la Harry Potter et sourire avenant, Catherine Guillouard est une passionnée de ski, de rock et d'art contemporain. Les murs de son salon, où elle nous a reçus, sont couverts d'œuvres d'art.

LÉA SALAMÉ

Catherine Guillouard, à quel moment de votre vie vous êtes-vous sentie la plus puissante ?

CATHERINE GUILLOUARD

En devenant présidente d'un groupe comme la RATP, qui a un impact très fort sur le quotidien de millions de gens, on se sent puissante. Sur le plan personnel, j'ai aussi ressenti ce sentiment quand, plus jeune, je faisais des courses de ski. Parce que la puissance, c'est la transformation de l'énergie en force. Lorsque je descendais un slalom géant, je sentais mon adrénaline se transformer en quelque chose de très précis, en une force, comme la maîtrise de la trajectoire. L'autre puissance, la plus importante à mes yeux et dont je suis malheureusement dépourvue, est celle de la création artistique. Parce qu'elle traverse le temps. C'est magnifique de se dire que quelqu'un a créé quelque chose il y a des centaines, des milliers d'années, et que l'on ressent encore aujourd'hui une émotion immense devant son œuvre. Je pense par exemple au Panthéon, à Rome, qui fait rêver des milliers d'architectes. Pour moi, c'est le plus beau bâtiment du monde.

L. S. Vous êtes aujourd'hui à la tête de la grande entreprise de service public qu'est la RATP. C'est vous qui gérez le transport de 12 millions de personnes par jour. Après l'ENA, vous auriez pu aller dans un grand corps de l'État, faire carrière à l'Organisation des Nations unies (ONU), au Fonds monétaire international (FMI) ou, pourquoi pas, en politique. Pourquoi avoir tout de suite choisi l'entreprise ?

C. G. J'ai d'abord été très bien formée. À la sortie de l'ENA, j'ai eu le grand privilège de travailler à la direction générale du Trésor, qui est une administration de mission. J'y ai passé deux ans à m'occuper des pays de l'Afrique Zone franc puis, ensuite, de quelque chose de très différent : les affaires bancaires. J'ai alors immédiatement compris que je n'étais pas une femme d'influence. Ce que je voulais faire, c'était *encadrer*, *manager*. J'aimais « faire » plutôt qu'influer. J'ai été la première « trésorienne » à ne pas partir en mobilité pendant deux ans (au FMI, par exemple), comme on le fait normalement pour pouvoir ensuite réintégrer la direction générale du Trésor. Je n'ai pas suivi la règle, je suis partie chez Air France pour m'occuper de quelque chose qui m'intéressait : l'ouverture du capital de la compagnie, notamment à ses salariés, à ses pilotes, etc. Nous sommes sortis de cette opération en faisant d'Air France l'entreprise au plus fort taux d'actionnariat salarié : 14 % du capital étaient dans leurs mains. Puis, au bout de deux ans, j'ai été rappelée par la haute fonction publique.

L. S. Et vous avez dit non.

C. G. Cela a pourtant été compliqué de dire non. Le nouveau directeur, Jean-Pierre Jouyet, une personnalité charismatique, me proposait de travailler à ses côtés. J'ai, comme on dit, mis de l'ordre dans mes affaires et refusé pour continuer chez Air France, où je suis restée dix ans. J'ai ainsi démissionné de la fonction publique et remboursé ma « pantoufle » à l'État, coupé le parachute. Chez moi, le rationnel est très fort mais, finalement, il y a toujours une part d'instinct qui prend le dessus au dernier moment pour faire un choix. Et mon instinct me disait que, ma vie, c'était l'entreprise et encadrer des équipes. J'ai définitivement quitté la haute fonction publique.

L. S. Quel a été votre moteur quand vous avez commencé dans la vie professionnelle ? Le pouvoir, la reconnaissance ? L'argent ?

C. G. Je n'ai jamais rêvé de gloire, mais d'exercer une activité qui fasse avancer les choses. Je suis quelqu'un de très pragmatique et concret. Professionnellement, j'étais attirée par le fait de construire, de créer du lien. Mon moteur c'était, si vous voulez, d'être une bâtisseuse.

L. S. À chaque femme, je demande d'amener un objet qui, selon elle, incarnerait la puissance des femmes. Lequel avez-vous choisi ?

C. G. J'ai choisi l'extraordinaire biographie de Marguerite Yourcenar écrite par Josyane Savigneau[1]. À mes yeux, Marguerite Yourcenar personnifie la puissance intellectuelle mais aussi une vie de femme complètement réussie. Surtout, c'est quelqu'un qui a *choisi* sa vie. Elle était enfant unique – ce que je suis également – et a été élevée par un père qui lui a donné toute son éducation classique. Elle a grandi parmi les livres, dans son monde, au cœur de l'imaginaire. C'est quelque chose que j'ai aussi connu petite. Et puis, elle était fidèle en amitié et

---

1. *Marguerite Yourcenar : l'invention d'une vie*, Gallimard, 1990.

a entretenu une correspondance incroyable avec ses amis, sa vie durant. J'ai lu toute son œuvre ; j'aime tellement Marguerite Yourcenar que je suis même allée visiter sa maison sur Mount Desert Island. Quand je suis entrée dans son bureau, j'ai cru que j'allais me mettre à pleurer. Rien que d'en parler, cela m'émeut. Sa maison est modeste, et j'y ai découvert quelque chose d'incroyable : pour préparer les *Mémoires d'Hadrien* et *L'Œuvre au noir*[1], elle avait fait des *scrapbooks*, comme l'aurait fait une metteuse en scène, et des grands cahiers dans lesquels elle avait collé plein de cartes postales, de photos qu'elle avait prises lors de ses innombrables voyages. J'ai compris comment elle avait écrit ces livres. Elle parle d'ailleurs de Zénon et d'Hadrien comme de gens qu'elle connaissait. Quand vous lisez le livre, tout est fluide ; alors que derrière, il y a un immense travail de préparation. D'ailleurs, elle était maniaque avec ses éditeurs et d'une précision millimétrique avec la langue française.

L. S. C'était une femme puissante, Marguerite Yourcenar ?

C. G. Incontestablement. Y compris sur le plan personnel. Elle a eu la vie qu'elle a voulue, choisi ses amours. Pendant dix ans, elle a été amoureuse d'André Fraigneau, pour qui ce n'était pas réciproque, et a transmuté cela dans des romans absolument extraordinaires. Ensuite, elle a vécu aux yeux de tous avec une femme, Grace

---

1. Œuvres parues chez Gallimard, respectivement en 1971 et 1968.

Frick, à une époque où c'était tout de même compliqué. Elle a été moderne. Visionnaire aussi. Elle a consacré une grande partie de son temps à la lutte contre la pollution, à la défense des animaux. Sa vie durant, elle a tout pensé, y compris son rite funéraire, qu'elle avait millimétré en un mélange extraordinaire de rites amérindien et japonais.

L. S. Voici ce que Christine Lagarde, qui a été la première femme à avoir exercé les fonctions de directrice générale du Fonds monétaire international et de présidente à la Banque centrale européenne, dit de l'ambition : «Ce mot ne me gêne pas. Pour autant, je ne m'y reconnais pas. Je n'ai pas le sentiment d'être ambitieuse. Être ambitieux, c'est avoir un plan de carrière, un objectif déterminé, quitte à éliminer au passage tous ceux ou celles qui pourraient gêner sa réalisation. Je sais que personne ne me croit quand je dis ça, mais je n'ai jamais eu de plan de carrière, ni l'ambition ultime d'arriver en haut de la pyramide. Il n'y a pas non plus de cadavres dans mes placards. J'ai donc du mal à m'identifier à l'ambition[*]. » Et vous, Catherine Guillouard, êtes-vous ambitieuse ?

C. G. Oui, et je l'assume. Avec tout le respect que je dois à Christine Lagarde, qui a une carrière bien plus éblouissante que la mienne, c'est aussi une question de standard par rapport à soi, de niveau d'exigence. Par ailleurs, l'ambition, ce n'est pas forcément écraser ou détruire les autres, elle peut aussi être collective : ce qu'on appelle le management, c'est avoir une ambition pour le collectif que vous menez.

L. S. Longtemps, l'ambition féminine a été suspecte, comme si elle était réservée aux hommes. Chez ces derniers, l'ambition est une qualité. Chez les femmes, elle est toujours un peu bizarre…

C. G. Absolument. Il en va de même pour le caractère : on dit des hommes de caractère qu'ils sont « forts », et des femmes qu'elles sont « caractérielles », voire « hystériques ».

L. S. Pour Christiane Taubira, une femme puissante est celle qui a réglé ses comptes avec la peur* : peur de ne pas être à la hauteur, peur d'être une imposture… Avez-vous déjà eu peur ?

C. G. Oui, j'ai eu peur à un moment donné. C'était la peur de l'échec. Or, quand cela vous arrive, on ne le comprend que plus tard, c'est très salutaire. D'un point de vue plus personnel, j'ai été hantée, petite fille, par la peur que ma grand-mère maternelle décède, car c'est elle qui m'a élevée. Dieu merci, elle a vécu très longtemps. Je suis désormais plus sereine par rapport à ça, mais j'étais très troublée, enfant, quand j'ai commencé à comprendre que les gens que j'aimais allaient disparaître. C'est une peur d'enfant que j'ai eu du mal à surmonter.

L. S. Il y a un moment fondateur dans votre carrière. À vingt-six ans, alors que vous êtes en stage en préfecture après l'ENA, vous vous retrouvez à gérer une catastrophe ferroviaire. En quoi ce moment a été déterminant pour la suite ?

C. G. S'il y a un jour de ma vie où j'ai été utile, c'est celui-là. Alors jeune stagiaire de l'ENA, j'ai été réveillée à six heures du matin par les pompiers, qui m'ont annoncé une catastrophe ferroviaire très grave en gare de Melun. À l'époque, j'étais directrice de cabinet du préfet par intérim. J'ai tout de suite appelé ce dernier, qui m'a dit : « Eh bien, Guillouard, c'est pour vous. Vous allez diriger la cellule de crise. De mon côté, je vais avoir beaucoup d'arrivées ministérielles à gérer. » J'ai pris en main la cellule de crise avec le Samu, les pompiers, le colonel de gendarmerie. Je suis allée sur le site de la catastrophe seulement le soir tant j'avais été absorbée et affairée toute la journée. Juste après, je me suis d'ailleurs posé beaucoup de questions : invitée par le préfet, j'ai reçu un casque de sapeur-pompier comme cadeau de départ de la préfecture. Je me rappelle ce que m'avait dit le préfet Gérard Deplace : « Vous, Guillouard, vous êtes vraiment faite pour la préfectorale ! »

L. S. Il vous a fait douter ?

C. G. Oui. À la sortie de l'école, je suis finalement partie à Bercy, car j'estimais que ma vie n'était pas compatible avec le fait de vivre en préfecture. Quand vous êtes dans ce métier de la préfectorale, votre vie privée n'existe pas : vous vivez au milieu de la préfecture, on vient vous repasser vos culottes (rires), etc. Je ne voulais pas de ça. Même si ce métier est extraordinaire.

L. S. « Il m'a fallu beaucoup plus démontrer pour y arriver que certains collègues hommes, avez-vous dit. Le prix à payer a été très lourd. » Quel est ce « prix à payer » ?

C. G. Je parle là de ma volonté de casser le plafond de verre. En matière de parcours, c'est un peu comme si on demandait aux hommes de faire le Mont-Blanc, tandis qu'aux femmes on leur demande de monter le mont Everest. J'ai occupé des postes difficiles, ingrats. Chez Air France, par exemple, où j'avais un jour levé la main pour dire : « Moi aussi, j'aimerais être patronne d'une zone commerciale. » On m'avait répondu : « Mais, Guillouard, vous savez faire des choses super difficiles, on a encore *ça* à vous faire faire. »

L. S. Voici justement ce que Françoise Giroud, à l'époque directrice de *L'Express*, dit de cette inégalité. Nous sommes en 1970, à l'ORTF :

Il reste un écart très grand entre la situation des femmes et la situation des hommes. Ce sexe social, il nous colle à la peau. Et je le sens, monsieur, là, en face de vous. Je vais vous en donner un exemple. Nous ne sommes pas à armes égales : si je bafouille, si je me trompe, si je cite des chiffres faux, que dira-t-on après cette émission ? On dira : « Bah voyons, bien sûr : les femmes, on ne peut pas compter sur elles. » Et mon indignité rejaillira sur toutes les femmes. On se dira – ce qui serait injuste – que *peut-être une autre aurait pu très bien faire le poids, comme on dit, en face de vous. Mais si vous, vous bafouillez; si vous, vous n'êtes pas très bon, que dira-t-on? « Eh bien, ce M. [Jean] Foyer n'était pas formidable ce soir. » Et aucun garde des Sceaux – ni dans le passé, ni dans le présent, ni dans l'avenir – n'en portera l'indignité. Ni aucun homme*.*

C. G. C'est rude, mais cela reste en partie vrai, bien que nous ne soyons quand même plus en 1970. Quand vous arrivez dans l'air raréfié du sommet, vous êtes scrutée. Vous n'avez pas beaucoup droit à l'erreur, encore moins quand vous êtes une femme.

L. S. Christine Lagarde explique que, souvent, lors de réunions, dès qu'une femme prend la parole dans une réunion, les hommes écoutent moins, se mettent à discuter entre eux, et qu'elle doit alors taper sur son micro pour ramener un peu d'attention.

C. G. Malheureusement, c'est encore vrai. La mixité des équipes de direction peut améliorer cela. À la RATP, le comité exécutif est paritaire. Quand les femmes prennent la parole et s'expriment, nous ne rencontrons pas ce genre de problème. J'ai connu l'environnement dans lequel Christine Lagarde a évolué. J'ai été la première femme à entrer dans le Club des trente, qui regroupe les directeurs financiers des grandes entreprises françaises. Puis d'autres femmes sont arrivées après moi. Mais attention à l'effet inverse: une fois que vous êtes installée, femme seule au milieu des hommes, vous rayonnez. Et il y a un piège. Au sein du groupe Women's Forum for the Economy and Society[1], je ne m'étais pas fait que des amies en disant qu'une fois arrivée en haut de la pyramide notre plus grand devoir est de tendre la main pour essayer de faire monter d'autres femmes. L'idée est de ne pas jouer de l'effet de rareté de *la* femme seule au milieu des hommes. Les femmes peuvent être de terribles ennemies pour les femmes elles-mêmes.

L. S. Avez-vous eu cette tentation ?

C. G. Au contraire. Quand j'étais chez Air France, j'ai toujours essayé, à compétences égales, de promouvoir des femmes autour de moi. Quatre ans après mon arrivée à la RATP, la parité est là. Mais tout dépend de l'équilibre à gérer. La diversité, c'est aussi tout l'art du management.

L. S. Il n'y a quand même pas beaucoup de femmes dans le secteur du transport.

C. G. J'ai succédé à Élisabeth Borne. Valérie Pécresse, en tant que présidente de région, préside Ile-de-France Mobilités[2].

L. S. Valérie Pécresse, justement, explique qu'il y a une manière féminine d'exercer le pouvoir. Voici ce qu'elle

---

1. Organisation internationale dont l'objectif est de renforcer la représentativité des femmes et une plus grande mixité dans la société.
2. Nom public du Syndicat des transports d'Ile-de-France.

en disait lors de la conférence ELLE Campus, le 25 mars 2021 : « En étant présidente de région, je me suis rendu compte qu'on ne dirige pas de la même façon quand on est une femme. Avant, je ne le croyais pas. On est beaucoup plus dans le concret, on est beaucoup plus dans le "faire", on est beaucoup plus dans la vie quotidienne. Ce qui crée la défiance vis-à-vis des politiques, c'est le sentiment qu'ils sont décalés par rapport à notre vie. »

C. G. Je suis assez d'accord avec elle. Les femmes ont cette capacité d'arrimer le stratégique et le concret. Sans pour autant aller jusqu'à insinuer que nous serions les reines de la résolution de problèmes concrets, et pourquoi pas domestiques tant qu'on y est ! Un bon dirigeant, aujourd'hui, a une boussole stratégique et la fait partager à son équipe. Surtout quand on est à la tête d'une entreprise comme la RATP, il faut savoir forer dans l'opérationnel et, à un moment donné, descendre, vérifier, etc.

L. S. Les femmes ont-elles plus de talent pour ça que les hommes ? Anne Méaux affirme qu'elles ont moins d'ego qu'eux. Êtes-vous d'accord avec cette idée ? Ou est-ce une vision fantasmée de la femme ?

C. G. Je trouve que les femmes sont douées d'une plasticité forte. Et Anne Méaux a quand même un peu raison. Tout est une question de personnalité. Les femmes que je connais et qui sont à la tête de grandes entreprises parviennent à rester « normales ». Nous sommes moins focalisées sur le pouvoir. C'est quelque chose que je ressens.

L. S. Une bonne patronne est-elle une patronne que l'on craint ? Comment vous faites-vous respecter ? Faut-il imposer un rapport de force ?

C. G. Il faut avoir de l'autorité. Cela n'implique pas forcément d'être dans le rapport de force. En revanche, il faut être capable de prendre des décisions parfois difficiles. Et, quand on dirige une entreprise, ne pas apparaître comme quelqu'un de mou.

L. S. Ça peut aller jusqu'à être autoritaire ?

C. G. Cela peut m'arriver. Mais honnêtement, c'est plutôt lié à la surcharge de travail et à la fatigue. Être autoritaire, c'est, par exemple, affirmer très fortement ses convictions. De là à traiter mal une personne, c'est un autre sujet, qui relève plus du manque de courtoisie. Il y a plusieurs façons d'imposer son autorité. On peut l'imposer en montrant qu'on a travaillé un dossier et qu'on le maîtrise. Et il y a l'écoute qui, pour moi, est quelque chose de très important. À la fin, il faut bien que quelqu'un prenne la décision ultime. C'est la différence fondamentale entre le numéro 1 et le numéro 2 dans une entreprise. Quand j'ai été numéro 2, je préparais les arbitrages pour que chacun s'exprime et pour aider mon patron à réussir son exécution. Quand vous êtes numéro 1, la décision ultime est la vôtre. Ce sont votre conscience et votre expérience qui priment. Il ne faut pas se tromper et toujours avoir cette vision à 360 degrés de la situation. C'est toute cette complexité et ces dimensions multiples qu'il faut gérer.

CATHERINE GUILLOUARD

L. S. Malgré les lois, malgré les volontés politique et économique, peu de femmes sont à la tête de grandes entreprises en France. Je ne parle pas des femmes patronnes, car elles sont nombreuses, mais de celles qui accèdent au sommet du monde économique. Voici ce qu'en dit Élisabeth Moreno, la ministre chargée de l'Égalité entre les hommes et les femmes, de la Diversité et de l'Égalité des chances :

> Les femmes continuent d'être confrontées à un vrai « plafond de verre » qui les exclut trop souvent des autres instances de direction ; ces lieux où sont réellement prises les décisions de l'entreprise. Au moment où je vous parle, permettez-moi de déplorer que le CAC 40 reste un « club de mecs en costume gris ». Au sein de leurs plus hautes instances de direction, 12 entreprises ne comptent aucune femme. Aujourd'hui, il n'y a que 1 seule femme à la tête de l'une des 40 plus grandes entreprises françaises. Il y a trente ans, lorsque j'ai démarré ma carrière professionnelle, je n'aurais jamais cru une seule seconde que le CAC 40 resterait ce club réservé aux hommes[1].

L.S. Partout, les femmes prennent peu à peu le pouvoir : dans le monde politique, les médias, etc. Pourquoi n'est-ce pas autant le cas dans le monde économique ?

C. G. C'est un fait. La génération suivante sera préparée, et ça va changer. Nous avons été les premières femmes à y arriver, les prochaines suivront. Quand je dis « nous », il ne s'agit que de quelques-unes d'entre

---

1. Discours pour les dix ans de la loi Copé-Zimmermann, 2021.

nous. Je vais même être plus sévère : si vous enlevez celles qui ont une attache familiale avec l'entreprise, qui en ont hérité, et ne sont pas arrivées de l'extérieur – ce qui ne remet pas en cause leurs compétences –, le chiffre peut être encore réduit. Pardon de revenir en arrière : en 2005, il y avait de grands débats sur les quotas au sein des conseils d'administration. Et je me souviens que nous étions contre. Au bout de quatre ans, tout le monde a retourné sa veste, moi la première. Les choses évoluaient tellement lentement qu'on allait se retrouver au XXIIe siècle avec 40 % de femmes dans les conseils d'administration.

L. S. C'est étonnant de voir l'évolution de beaucoup de femmes sur la question des quotas. Beaucoup étaient contre, puis ont admis que, sans être la meilleure des solutions, les quotas étaient sans doute nécessaires.

C. G. On a le droit de se tromper et, surtout, d'avoir une mauvaise analyse de la situation. La loi Copé-Zimmermann était effectivement nécessaire : aujourd'hui, il y a plus de 40 % de femmes dans les conseils d'administration en France, y compris au CAC 40. J'ai le privilège et l'honneur d'être au conseil d'administration d'Airbus depuis 2016 en y étant présidente du comité d'audit. Je siège également avec la même fonction au conseil de surveillance de KPN, l'opérateur de télécommunications néerlandais, où je suis d'ailleurs la seule Française. Et tout se passe très bien. Si on refaisait le film de ces dernières années, on se demanderait sans doute pourquoi on n'a pas fait ça plus tôt. Là où la situation est plus compliquée, c'est encore avec les comités de direction et d'exécution.

L. S. Par manque de compétences ?

C. G. Sur cette question, il ne faut pas se voiler la face. Lorsque j'étais à la direction des ressources humaines d'Air France, j'avais commencé à mettre en place le Plan des hauts potentiels. Quand vous grimpez dans la catégorie « dirigeant », c'est le moment où les femmes ont leur premier enfant. J'ai donc dû décaler ce plan de cinq ans pour une raison simple : pendant que les hommes gravissaient les étages du pouvoir, les femmes, elles, prenaient leur congé maternité et, accumulaient de fait, du retard par rapport aux hommes. Elles ne parvenaient jamais au seuil de direction. Il faut donc instaurer une souplesse au sein des entreprises et faire en sorte que les femmes aient la possibilité d'avoir une vie duale. C'est vraiment le plus important.

L. S. Mais on ne pourra pas changer cette inégalité. On peut éventuellement la décaler avec la congélation des ovocytes, qui permet à une femme de faire un enfant à quarante-cinq ans plutôt qu'à trente-cinq ans. Mais si on regarde l'évolution des carrières des hommes et des femmes, on voit bien qu'une carrière décolle (ou pas) entre trente et quarante ans. Or c'est là que les femmes font leurs enfants. N'est-ce pas un problème inextricable ?

CATHERINE GUILLOUARD

C. G. C'est en train de changer. Les entreprises s'aperçoivent que, si elles veulent avoir des équipes féminines motivées, elles doivent changer les règles du jeu. Je suis très optimiste quant à l'avenir. Aujourd'hui, tomber enceinte est moins un problème qu'avant.

L. S. Les hommes sont toujours payés 9 % de plus que les femmes à poste égal en France. Et près de 20 % de plus tous postes confondus[1]. Quels conseils donneriez-vous aux femmes pour qu'elles n'aient plus peur de demander des augmentations ?

C. G. Alors là, il faut se libérer complètement de ce dernier « plafond de verre » du patriarcat, qui consiste à vous expliquer que vous êtes une femme, qu'on va vous donner le poste, et que, puisque cet effort est fait, il faudra donc être plus conciliante sur le reste. C'est un *package*, comme disent les Américains. J'ai beau retourner le problème dans tous les sens, je ne trouve absolument rien qui justifie qu'une femme dirigeante soit moins bien payée qu'un homme. Après – et c'est ce qui m'a frappée dans mon parcours –, à chaque fois que j'allais chercher une femme pour la promouvoir, l'entretien commençait systématiquement par des interrogations comme : « Vous êtes sûre ? » « Est-ce que je vais y arriver ? » Tout le monde n'a pas le même niveau de confiance en soi. C'est quelque chose qu'il faut revoir dans l'éducation. Il

---

1. Selon l'INSEE, en 2016, le salaire mensuel net moyen d'une femme est inférieur de 19 % à celui de son homologue masculin.

LÉA SALAMÉ

faut se libérer de ce manque de confiance. Quand on a des responsabilités, il est normal d'avoir une rémunération en conséquence. C'est même un signe de faiblesse de ne pas le faire.

L. S. La lutte contre le harcèlement se joue aussi dans le métro. On a beaucoup parlé des « frotteurs », ces hommes qui se collent volontairement aux femmes ; il y a aussi les regards un peu lourds. Presque toutes les femmes peuvent raconter un moment de malaise qui leur est arrivé dans le métro. Vous avez pris beaucoup de mesures pour lutter contre ça. Depuis le mouvement #MeToo, ou bien #BalanceTonPorc, diriez-vous que le nombre de ces actes baisse ? Y a-t-il plus, ou moins de plaintes ?

C. G. De la même façon qu'il y a une libération de la parole, il y a une forme de libération de la plainte. Il y a deux effets avec #MeToo : l'effet curatif immédiat, qui est une forme de catharsis. Et il y a aussi l'effet préventif qui, à mon avis, est au moins aussi important que le premier. Il y a désormais un monde d'avant et un monde d'après #MeToo.

L. S. C'est une vraie révolution ?

C. G. Oui, incontestablement. Votre question le sous-entend : maintenant, les hommes ne peuvent pas ne pas savoir. C'est quelque chose d'important. Je pense que ça refrène certains de passer à l'acte. Au sein de la RATP, deux personnalités fortes gèrent ce sujet. L'une sur le volet interne à l'entreprise et l'autre sur le harcèlement dans les transports. Et tous les trois mois, au comité exécutif, nous regardons comment avancent les plans d'action. C'est une priorité.

L. S. Avez-vous déjà subi du harcèlement ?

C. G. Oui, mais c'est des situations que j'ai pu gérer. Mais la chose qui m'a le plus marquée, c'est de voir ma mère, alors que j'étais préadolescente, être harcelée sexuellement à son travail. Mon père venait de lancer son entreprise et nous vivions sur le salaire de ma mère. Ça s'est soldé au bout de dix-huit mois, peut-être vingt-quatre mois par une promotion de l'homme qui la harcelait. Il a fallu tenir pendant tout ce temps. Je n'ai même pas envie de parler de l'employeur. J'avais treize ans et je voyais ma mère malheureuse de partir au bureau, angoissée à l'idée de perdre son emploi. Évidemment, il était hors de question qu'elle craque. Autant vous dire que je suis très sensible à ce sujet. Oui, ça m'est arrivé une ou deux fois d'être harcelée ; mais quand vous avez des outils, en l'occurrence l'humour, ça vous permet de désamorcer la situation. Mais quand vous n'avez pas d'outils, ou que vous êtes en position de faiblesse, ce qui était le cas de ma mère à l'époque, c'est une situation terrible. Ma mère est quelqu'un d'extrêmement courageux, que j'estime énormément. Elle a su dénouer ce problème, mais elle était dans une position beaucoup plus délicate que moi quand ça m'est arrivé, car la personne qui la harcelait était son supérieur hiérarchique. Ma mère, comme ma grand-mère l'était d'ailleurs, est une femme très puissante. Nous, on est dans le matriarcat.

L. S. Et votre père ?

C. G. Mon père est un homme formidable. Dans des registres différents, j'ai partagé beaucoup de choses avec mes parents. Ma mère était agente de voyages. Elle voyageait seule, me parlait de ses voyages, de ses lectures, etc. Mon père m'a transmis la passion du sport, dont celle du ski.

L. S. Le ski est votre grande passion. Vous avez même fait beaucoup de compétitions. Qu'est-ce que le ski vous a appris ?

C. G. Pour moi, le ski est un sport de résilience. Un jour, la neige sera molle, donc la descente à peu près facile. Un autre, il fera très froid et la neige sera comme du béton armé. Skier s'apparente à un mélange de précision et de folie. À chaque fois que j'ai quelque chose d'important à gérer sur le plan personnel, j'essaie de me remettre mentalement dans le même état que lors de la dernière minute dans la cabane de départ avant la descente : vous commencez à vous préparer, vous serrez vos crochets, tapez vos bâtons et les plantez derrière le portillon. Toute l'adrénaline que vous avez en vous se concentre pour monter au cerveau, puis vient le moment de tout lâcher. C'est quelque chose qui me manque. Quand je veux me décontracter, je rêve que je skie. Certains font du yoga, moi je fais des pistes virtuelles.

CATHERINE GUILLOUARD

L. S. Souvent, les femmes de pouvoir gomment leur féminité en ne mettant que des pantalons, pas de talons ni de bijoux. Est-ce votre cas ?

C. G. Je mets des pantalons parce que, en tant qu'ex-sportive, j'ai dû payer une addition assez élevée : traumatisme crânien, coude déboîté, ménisque fracassé, les ligaments des chevilles arrachés quatre fois… Donc les talons, très peu pour moi ! En revanche, j'aime bien porter quelques bijoux.

L. S. Pour terminer, voici comment Élisabeth Badinter imagine la femme puissante d'aujourd'hui :

La femme la plus puissante du monde, aujourd'hui, ce serait la patronne de Google qui aurait deux enfants. Elle aurait tout : la puissance maternelle, une responsabilité inouïe du point de vue professionnel et une puissance économique majeure. Pour moi, ce serait une femme puissante*.

L. S. Qu'en pensez-vous ?

C. G. Je comprends pourquoi Élisabeth Badinter la voit comme ça. Pour ma part, je pense qu'on peut tout à fait être une femme puissante sans forcément être mère. L'ultime liberté, c'est choisir de l'être comme de ne pas l'être. Mon parcours de vie a fait que je n'ai pas d'enfants. Je ne me sens pas pour autant amputée de quoi que ce soit. C'est vraiment un choix.

L. S. Une femme peut-elle, autant qu'un homme, avoir une grande carrière, une vie amoureuse, une vie d'engagement?

C. G. Bien sûr. Il y a des sacrifices à faire, mais les hommes en font aussi.

« Je ne serai plus là
pour la voir,
mais oui, il y aura
une femme présidente
de la République. »

— Line Renaud

Bien sûr, quand on parle d'elle, on rappelle à chaque fois qu'elle est la grand-mère préférée des Français, qu'elle a été la « marraine » de Johnny Hallyday, et qu'elle a connu presque tous les présidents de la Ve République. Pour ses quatre-vingt-dix ans, pas une star du Tout-Paris n'aurait manqué son anniversaire sur une péniche. Ça, c'est pour le côté *people*. Mais ce serait trop simple de s'arrêter là. Elle a surtout été la première, dans les années 1980, à mobiliser la France contre le sida, à une époque où l'on cachait honteusement cette maladie. Avec Pierre Bergé, elle a créé le Sidaction et n'a jamais lâché sa grande cause depuis. Elle fut aussi l'une des rares Françaises à avoir fait une véritable carrière aux États-Unis. Une rue porte son nom à Las Vegas, où elle était copine avec Frank Sinatra et Elvis Presley. Elle nous a reçus dans sa maison, près de Paris, en bordure d'une forêt. Le souvenir de Loulou Gasté, l'homme de sa vie, trône dans chaque pièce. Généreuse, malicieuse, Line Renaud a quatre-vingt-treize ans. Et encore plein de projets et d'envies devant elle.

LÉA SALAMÉ

Line Renaud, à quels moments de votre vie vous êtes-vous sentie puissante ?

LINE RENAUD

Très puissante, vous voulez dire ! Cela s'est passé aux États-Unis. Nous étions en procès pour une chanson « Feelings », plagiée par Morris Albert, un jeune Brésilien – il s'agissait à l'origine de « Pour toi », une composition de mon mari Loulou Gasté. Nous avions dû rester un mois à New York. Pendant le procès, je me suis sentie très, très forte, parce que j'avais aidé à chaque moment Loulou à préparer sa défense, ses réponses en anglais, ce qui n'était pas le plus facile. Loulou avait quatre-vingts ans et je l'ai soutenu à chaque seconde. Nous avons gagné le procès haut la main. À ce moment-là, à New York, j'ai vraiment ressenti de la puissance.

L. S. Dans votre vie, vous avez eu beaucoup d'autres occasions de vous sentir puissante. Dans vos jeunes années, le succès est arrivé rapidement avec la chanson. Puis, dans les années 1950, vous avez fait carrière aux États-Unis et êtes devenue la Française la plus connue outre-Atlantique. Il y a eu, aussi, votre engagement dans la lutte contre le sida. Et cela fait maintenant des années que votre popularité est immense dans le cœur des Français. De toutes ces périodes de votre vie, quelle est celle où vous vous êtes sentie la plus puissante, la plus forte ? La plus utile aussi ?

L. R. Dans la lutte contre le sida. Là, je me suis sentie utile et forte.

L. S. Nous allons y revenir. Je voudrais d'abord qu'on parle de la toute jeune Line Renaud, lorsque vous avez dix-sept ans et que vous quittez Armentières, dans le Nord, où vous aviez une vie difficile dans un milieu modeste. À ce moment-là, vous imaginiez que vous auriez ce destin ? Que vous alliez conquérir Paris ?

L. R. Ça devait déjà être dans ma tête d'enfant ; à chaque fois que je dessinais, je représentais Paris, en me disant : « Il doit y avoir quelque chose de mieux ailleurs. »

L. S. De vous, votre grand-mère disait : « Celle-là, elle sera même capable de parler à un président de la République. »

L. R. Il s'agissait de mon arrière-grand-mère. Elle a eu une vie à la Zola. C'est, je crois, ce qui m'a donné la force de me battre.

L. S. Étiez-vous ambitieuse ?

L. R. Sûrement.

L. S. Pourquoi l'ambition est-elle toujours un gros mot chez les femmes ?

L. R. C'est vrai. Je ne sais pas pourquoi ça reste suspect pour les femmes, alors que c'est une qualité chez un homme. J'en déduis que j'ai dû avoir de l'ambition pour être arrivée à ce que je voulais.

L. S. Vous distinguez d'ailleurs l'ambition de l'orgueil.

L. R. Il y a un monde entre l'orgueil et l'ambition. L'orgueil, c'est horrible. Quand des gens acceptent mal la critique, quand ils se vexent, quand leur orgueil commande leur vie. Moi, je l'accepte plutôt bien. Parfois, je ne fais rien de ce conseil qu'on me donne ou de cette critique qu'on me fait car ils ne veulent rien dire. Mais parfois, je me dis : ils ont raison.

L. S. Quel est le meilleur conseil qu'on vous ait donné ?

L. R. Les meilleurs conseils, c'est Loulou qui me les donnait. Dans notre métier, il arrive qu'on soit la proie des chansonniers ou des humoristes. Ça m'est arrivé. Parfois, j'en pleurais et me disais : « Mais qu'est-ce que je leur ai fait ? Rien ! » Et Loulou me répondait : « Laisse passer, laisse courir… » « Les chiens aboient, la caravane passe. » J'ai alors appris à rire de ceux qui se moquaient de moi, comme Thierry Le Luron. Loulou me disait toujours : « S'il parlait de Mme Tartempion, ça ne ferait pas rire. Prendre Line Renaud ou Dalida comme cible, voilà qui fait rire ! » Il avait vingt ans de plus que moi et avait déjà vécu ça. « Fiche-toi de ce qu'on dit. Fais ton chemin, ne t'occupe pas des autres. »

L. S. Avez-vous connu des coups durs dans votre vie et dans votre carrière ? Des moments où vous vous êtes dit que vous n'alliez pas y arriver ?

L. R. Je voulais absolument faire la comédie musicale *Irma la Douce*. Mais le spectacle prenait des mois à se monter, c'était long, fastidieux, et là, on m'a proposé de chanter au Casino de Paris. La vie m'a appris que si vous voulez vraiment quelque chose – que vous vous êtes battue et que vous n'avez rien négligé –, mais que vous ne l'avez pas obtenu, il faut alors se dire que c'est mieux ainsi. À chaque fois que quelque chose ne m'arrive pas, je me dis que quelque chose d'autre viendra. Dans la vie, ça marche toujours de cette façon.

L. S. Avez-vous rencontré beaucoup de femmes puissantes dans votre vie ?

L. R. Oui. La femme la plus puissante que j'aie rencontrée, c'est Simone Veil. Je l'aimais beaucoup. Imposer une loi pour le droit à l'avortement, n'est-ce pas de la puissance ? C'est énorme. Ça a changé la vie de tant de jeunes filles. Moi, je suis tombée enceinte à dix-sept ans et je n'ai pas pu garder l'enfant. À l'époque où l'avortement était clandestin, j'ai frôlé la septicémie, c'était horrible. Alors, je dis merci Mme Veil !

L. S. Les murs de votre maison sont tapissés de photos de vous avec des stars du monde entier : Sylvester Stallone, Elvis Presley, mais aussi Madona (à côté de Jacques Chirac), Lady Di, Céline Dion… Ces dernières sont-elles des femmes puissantes ?

L. R. Elles sont très fortes. Que ce soit Madonna ou Céline Dion, ce sont des puissances de travail. Elles ne laissent rien au hasard.

L. S. Avez-vous eu l'ambition d'avoir de l'argent?

L. R. Lorsque j'étais jeune, je n'avais pas d'argent. À la maison, nous ne pouvions même pas nous acheter un livre. Nous étions pauvres. Quand j'ai touché mon premier cachet, je l'ai donné à ma mère. Je ne savais même pas qu'on pouvait être payée pour chanter. Bien sûr qu'il faut de l'argent. On est mieux avec que sans. Mais il ne faut pas que ce dernier devienne le seul et unique but d'une vie. L'argent n'a jamais été mon but.

L. S. Je demande à chaque femme que j'interroge l'objet qui incarne, pour elle, la puissance des femmes. Lequel avez-vous choisi?

L. R. Je crois beaucoup à cet objet. Il s'agit d'une pierre de jade bleu qui appartenait à Jacques Chirac et que sa fille Claude m'a donnée quand il est mort. Il l'avait en permanence dans sa poche et la touchait quand il voulait un peu de bonheur ou qu'une chose qu'il souhaitait se réalise. Elle est aujourd'hui avec moi. Je la touche comme un porte-bonheur. J'y crois vraiment.

L. S. Jacques Chirac était votre grand ami. J'ai même lu qu'il vous appelait « Bichette » ! Vous avez d'ailleurs rencontré tous les présidents de la Ve République, tous sauf un! Votre grand regret est de ne pas avoir connu le général de Gaulle. Pourquoi ne l'avez-vous jamais rencontré? Vous auriez pu!

L. R. Pour moi, il n'y avait pas plus grand que le général de Gaulle. Quand j'étais petite, pendant l'Occupation, j'étais chargée de faire du bruit dans le café occupé par les Allemands pour que les femmes aillent l'écouter parler depuis Londres, l'oreille collée sur la radio. Pour moi, de Gaulle était un géant. C'est celui qui allait venir nous libérer. Mon admiration pour lui a commencé là.

L. S. Plus tard, vous avez su par son fils qu'il vous appréciait beaucoup.

L. R. Oui, c'est Philippe de Gaulle qui m'a raconté cela un jour. Et dire que j'aurais pu connaître de Gaulle! J'étais pourtant intime avec Pierre Lazareff, un grand patron de presse de l'époque, à qui j'aurais très bien pu demander: «Pierre, sois gentil, présente-moi de Gaulle.» Mais je ne l'ai pas fait. Sans doute par excès de modestie et de naïveté. De Gaulle était tout simplement trop grand pour moi.

L. S. En revanche, vous avez rencontré Ronald Reagan, quand il était président des États-Unis.

L. R. Oui! Reagan était vraiment sympa. Lors d'un dîner, j'étais assise à côté de son épouse, Nancy. À un moment donné, cette dernière me dit: «Vous savez que

Ronald chante très bien en français ? » Je lui réponds :
« Vous croyez que je peux aller lui demander de me chanter une chanson ? » Elle : « Oui ! Allez-y ! » Je m'approche
de Ronald Reagan et lui dis : « Monsieur le président,
il paraît que vous connaissez très bien une chanson en
français. Pourriez-vous nous la chanter maintenant ? » Il
a pris mon micro et s'est mis à chanter : « Allons, enfants
de la patrie ! »

L. R. Il se trouve, Line Renaud, que vous vous débrouil-
lez très bien en anglais, mais avec un accent très français !

L. R. Les Américains adoraient ça. Un jour, j'ai reçu un
coup de téléphone d'un monsieur qui s'appelait Lee
Gillette[1] : « *Do you want to sing with Dean Martin?* » Loulou
et moi avons cru à une blague. Puis il lui a répondu : « *Yes!
Of course[2] !* »

L. S. Vous êtes devenue une star à Las Vegas. À tel point
que le 2 juillet est là-bas le « Line Renaud Day ». Vous y
avez même une rue à votre nom. Pour la jeune Française
qui a grandi à Armentières, ça représente une forme de
puissance ?

L. R. Oui, ça m'a vraiment émue. Mais plus que de
la puissance, c'est de la reconnaissance. Oui, de la
reconnaissance.

---

1. Réalisateur, producteur et musicien américain (1912-1981).
2. « Voulez-vous chanter avec Dean Martin ? » « Oui, bien sûr ! »

L. S. À l'époque, vous partez aux États-Unis alors que vous aviez beaucoup de succès en France. Mais votre départ de France est dû à une personne : Édith Piaf. D'elle, vous dites : « Elle m'a fait une guerre totale, elle était très jalouse de moi. C'était une femme méchante. » Que vous a-t-elle fait ?

L. R. Moi, en tout cas, je ne lui avais rien fait ! Je chantais tous les soirs au Moulin-Rouge, où j'avais été engagée pour quatre mois. Un soir, le directeur artistique de chez Pathé-Marconi, Pierre Hiegel (le père de la comédienne Catherine Hiegel) me reçoit dans son bureau et me dit en pleurant : « Il faut que tu arrêtes de chanter pendant au moins un an. » À cette époque, j'enchaînais pourtant les succès, les disques se vendaient très bien.

L. S. Et c'est Édith Piaf qui avait demandé que vous arrêtiez de chanter. Les gens de la maison de disque l'avaient choisie contre vous.

L. R. Mais pourquoi avait-elle peur de moi ? Nous n'étions pourtant pas dans le même registre. Édith Piaf détestait les femmes. Juliette Gréco aurait pu vous en raconter « des vertes et des pas mûres » sur la méchanceté de Piaf.

L. S. C'était une femme puissante ?

L. R. C'était une femme puissante avec les hommes. Elle avait une revanche à prendre sur la vie. Et sa revanche, c'étaient les hommes. Les uns derrière les autres, ils se sont tous retrouvés dans son lit. Édith Piaf détestait les femmes plus jeunes qu'elle. Imaginez aussi qu'en 1954 les carrières d'artistes se faisaient et se défaisaient rapidement. Ses disques n'avaient plus de succès depuis longtemps.

L. S. C'est pour cette raison qu'elle voulait que vous arrêtiez de chanter ?

L. R. Probablement. Mais je me dis qu'il y a toujours une étoile au-dessus ma tête. Le lendemain, Bob Hope[1] est venu au Moulin-Rouge. Plus personne ne le connaît aujourd'hui, mais, à l'époque, ses shows télévisés réunissaient 80 millions de téléspectateurs en Amérique. J'ignorais qu'il était dans la salle avec son équipe. À la fin de mon tour de chant, il est venu me voir et m'a lancé : « *I don't need to speak french.* Je n'ai pas besoin de parler français. J'ai tout compris en vous voyant ce soir. *Would you like to go to America?* »

L. S. L'expérience américaine commence alors, ponctuée d'allers-retours en France. En 1963, vous vous produisez à Las Vegas. Au début, dites-vous, cela n'a pas été facile. Vous avez même fait un burn-out.

---

1. Acteur, comédien de stand-up, chanteur, humoriste, athlète et écrivain américain d'origine britannique (1903-2003).

L. R. Malgré le succès, je ne m'y plaisais pas du tout. D'autant que j'étais seule, Loulou était reparti à Paris. Comme quoi, le succès ne signifie rien ! Au bout de deux ans, les Américains m'ont dit vouloir prolonger mon contrat, mais sans y faire figurer une date de fin. Loulou a dit : « Au revoir, on rentre en France. »

L. S. Vous avez un jour déclaré : « Je ne dis jamais "À quoi bon ?" Je dis "Pourquoi pas ?"[1] »

L. R. « Pourquoi pas ? », c'est un pari avec la vie. Est-ce qu'on peut appeler cela de l'ambition ? Je ne sais pas. C'est une envie d'avancer. D'avancer dans un métier que j'aime, un métier que j'adore. Je peux au moins dire : « J'ai essayé. »

L. S. N'êtes-vous jamais nostalgique ?

L. R. Ah non ! La nostalgie n'est jamais loin du regret.

L. S. Il y a aussi une autre Line Renaud. Celle, puissante, influente, qui s'est engagée pour la grande cause de sa vie : la lutte contre le sida. On oublie que, dans les années 1980, il était risqué de défendre cette cause-là. Voici comment la chanteuse Barbara parle de cette maladie. Nous sommes en 1993 :

---

1. Article d'Annick Cojean pour *Le Monde*.

On m'a souvent dit : « Qu'est-ce que tu nous racontes avec le sida ? Mais non, il ne faut pas en parler... Tout ça, c'est parce que tu es tentée par la mort. » Moi, j'avais la certitude que c'était une chose très grave. J'ai donc commencé ce combat. J'ai bougé autour de ça. J'en ai parlé aux gosses parce que ça concernait tout le monde. Puis on s'est aperçus que les femmes et les enfants étaient touchés. Et on n'en parlait toujours pas. Toujours cette manière de se dissimuler, de se cacher derrière son petit doigt, tandis que le mal avançait. Aujourd'hui encore, je continue de le dire – et tant pis si on en rit : il y a une non-information autour de cette maladie ! Bien sûr, on sait que le HIV[1] et le sida existent, mais on ne sait toujours pas si cela s'attrape par une brosse à dents. Je connais des gens qui se posent encore ces questions. S'ils se les posent, c'est bien qu'ils ont besoin qu'on leur explique ! J'ai vu partir tellement de malades seuls, seuls... Les familles ne venaient pas parce qu'elles ne savaient pas, parce qu'elles avaient peur d'attraper la maladie. Parce qu'elles pensaient que c'était « une punition de Dieu ». On l'a entendue, celle-là : « Une punition de Dieu »... Si on ne réagit pas à ça, c'est terrible[2] !

L. S. Pour évoquer le sida, au début des années 1980, on parlait de « la maladie des pédés ». Les homosexuels ont subi une haine terrible. Comment vous, Line Renaud, avez-vous été sensibilisée à cette question ?

L. R. J'étais en Amérique. L'actrice Elizabeth Taylor m'avait invitée à un gala réunissant toute la communauté

---

1. HIV (human immunodeficiency virus) ou VIH (virus de l'immunodéficience humaine).

2. INA, 1993.

hollywoodienne organisé pour récolter des fonds pour la recherche scientifique autour de cette maladie. Là, j'ai fait la connaissance de Paul Michael Glaser, l'un des deux acteurs principaux de la série *Starsky et Hutch* (des immenses vedettes de la télévision à l'époque), et de son épouse. Cette dernière, infectée par le VIH, avait transmis le virus à leurs enfants. Leur fille et elle sont mortes de la maladie. J'ai beaucoup appris de leur histoire. À mon retour, tout le monde m'a demandé d'organiser la même chose en France. Je leur ai répondu de le faire eux-mêmes, car je devais retourner aux États-Unis pour jouer dans le film *Folle Amanda*. Mais ils ont insisté. Et je l'ai fait.

L. S. Elizabeth Taylor vous avait pourtant prévenue : « Tu ne sais pas à quoi tu t'attaques. Tu seras insultée, conspuée. Tu seras écartée. »

L. R. Et j'ai subi tout ce qu'elle m'avait décrit. Au début, je recevais beaucoup de lettres d'insultes : « Laissez-les mourir, ils l'ont cherché ! » Mais plus une seule après le premier Sidaction.

L. S. Vous avez réussi à mettre le sida au milieu du débat public et à transformer l'image de cette maladie. Grâce à vous, entre autres, elle n'était plus honteuse.

L. R. Oui, à force d'en parler. Mais c'était dur. Le sida était mal vu parce que le VIH était sexuellement transmissible.

L. S. Vous avez rencontré beaucoup de malades qui mouraient seuls, comme le disait Barbara ?

L. R. Oh, mon Dieu. J'en ai vu tellement. On me demandait d'aller à l'hôpital Bichat, à l'hôpital Saint-Antoine. Ils étaient en fin de vie. Ils me demandaient de les embrasser. Tous.

L. S. Et vous le faisiez ?

L. R. Je le faisais. Mais je n'avais aucun mérite, je savais que ça ne s'attrapait pas comme ça. Alors je les embrassais.

L. S. Vous ne perdez jamais une occasion de louer le travail de Françoise Barré-Sinoussi, qui a découvert le rétrovirus responsable du sida et a reçu le prix Nobel de médecine. Vous dites : « L'attention est toujours sur les artistes. Mais qu'est-ce qu'on laisse, nous ? Un peu de bonheur, peut-être ? Par comparaison avec ce que font les médecins, ce n'est rien. »

L. R. Nous, artistes, sommes des passeurs d'émotions. Les médecins sont des passeurs de vie. Par le sida, j'ai rencontré beaucoup de professeurs. Je suis fascinée par la science. D'ailleurs, j'ai décidé de créer un fonds de dotation qui ira à la recherche.

L. S. Le Sidaction, c'est évidemment vous, Line Renaud. Mais c'était aussi Pierre Bergé. Après sa mort, avez-vous songé à arrêter ?

L.R. Oui. Quand il a été très malade, je lui ai dit : « Pierre, si vous arrêtez, j'arrête. » Il m'a répondu : « Non. » Puis il a serré ma main : « Vous n'arrêtez pas, vous continuez. » Je lui ai promis de continuer : je ne peux pas lâcher.

L.S. Une autre cause vous tient à cœur : le droit de mourir dans la dignité. Vous êtes pour légaliser l'euthanasie. Ce sujet fait encore peur à beaucoup de gens.

L.R. On y viendra pourtant. Cette loi passera, car elle est logique. Nous sommes un des seuls pays où on ne peut pas mourir dans la dignité. En Suisse, en Belgique, au Luxembourg, on le peut. L'euthanasie vient aussi d'être légalisée en Espagne, au Portugal. Aux côtés de Jean-Luc Romero-Michel, je mène désormais cette lutte-là. À titre personnel, c'est comme ça que je veux partir.

L.S. Vous avez cette phrase géniale sur la mort : « Moi qui adore les premières fois, ce sera ma dernière première fois. » Elle ne vous fait pas peur, la mort ?

L.R. Non. Souffrir me fait peur. Pas la mort. Quand j'y pense, je me dis seulement : c'est bête, j'ai encore tellement de choses à faire !

L.S. Vous parlez souvent des trois femmes qui vous ont élevée au sein de cette famille pauvre d'Armentières, dans le Nord. Votre mère, résistante pendant la Seconde Guerre mondiale. Votre grand-mère qui a subi la honte d'être fille mère à dix-sept ans. Et votre arrière-grand-mère, qui a été ouvrière à sept ans… Ces femmes, pauvres, dignes, aux conditions de vie difficiles, ont toutes été malheureuses en amour, frappées par leur mari ou abandonnées. Vos trois femmes, vous diriez qu'elles étaient des femmes puissantes?

L. R. Oui, quand même. Elles étaient des femmes puissantes parce qu'elles ont tenu le coup. J'ai surtout vu leur puissance face à l'Occupation. Il n'y avait plus qu'elles qui tenaient la baraque, car les hommes, comme mon père, étaient partis à la guerre.

L. S. Sur les femmes résistantes, comme votre mère, écoutez ce petit extrait d'un reportage datant de 1946. C'est une archive de l'ORTF:

Les femmes françaises et alliées ont réellement servi pendant cette guerre. Des humoristes ont pu se permettre certaines plaisanteries sur les femmes en uniforme. Pourtant, les résultats sont là et les citations aussi, qui attestent le courage et les immenses services rendus par les femmes engagées. Dans les usines, à la Croix-Rouge, comme conductrices, radio, standardistes, secrétaires, elles furent des milliers de Françaises, d'Anglaises, d'Américaines et de Russes qui ont pris leur part au combat aux côtés de leurs frères, de leurs maris, de leurs fiancés. Brancardières, interprètes, parachutistes, des milliers de femmes ont fait la guerre. Il serait injuste d'oublier leurs souffrances et le sacrifice de leur vie que beaucoup d'entre elles ont fait.

L. R. Oh, c'est incroyable ! Je ne sais même pas si ma mère se rendait compte des risques qu'elle prenait, d'autant qu'on habitait en face de la kommandantur. Pendant des mois, elle a transporté dans son porte-bagages de la viande et des œufs qu'on allait chercher dans les fermes. Chaque jour, les Allemands lui demandaient d'ouvrir son porte-bagages pour vérifier le contenu : « Qu'est-ce que vous avez derrière ? » Puis, au bout de six mois, ils n'ont plus fait attention. C'est à ce moment-là que ma mère est entrée en résistance, en allant porter sur son vélo des vêtements civils aux Anglais parachutés pendant la nuit.

L. S. « En revanche, dites-vous, je ne suis pas fière du père que j'ai eu. Aujourd'hui, je sais que je ne l'aime pas. », avez-vous déclaré dans une interview à Annick Cojean au *Monde*[1].

L. R. Oui, je sais, c'est dur de dire cela. Mais mon père a trop fait souffrir ma mère. Toute sa vie, elle a été trompée. C'était une très belle femme. Elle s'est fait tellement de souci pour mon père prisonnier qu'elle s'est laissée un peu dépérir. Et les gens ont cru bien faire en lui disant : « Écoute, Edmond t'a trompée toute sa vie. D'ailleurs, le petit garçon qui joue avec ta fille, c'est son fils. » J'ignorais que ce petit garçon avec lequel je jouais était mon demi-frère.

L. S. Mais de là à dire : « Je ne l'aime pas »…

---

1. 21 mars 2021.

L. R. Je ne l'aime plus. Ce n'est pas bien, ce qu'il a fait. Ce n'est pas bien.

L. S. « J'avais confié à une petite voisine, dites-vous, ma résolution [de] ne jamais me marier. "Pourquoi ?" avait-elle demandé. Pour faire souffrir tous les hommes[1]. »

L. R. Oui. Mon arrière-grand-mère a été battue. Ma grand-mère a été battue. Et ma mère a terriblement souffert d'être trompée.

L. S. Vous les avez vengées ? Avez-vous fait souffrir tous les hommes ?

L. R. Non.

L. S. Avez-vous été victime de harcèlement ?

L. R. Pas assez ! (Rires)

L. S. J'aimerais vous faire entendre ce que disait l'actrice Delphine Seyrig dans les années 1970 sur la révolution féministe : « La question du bonheur, alors parlons-en. Les femmes gagnent moins d'argent que les hommes. Les femmes sont obligées, en plus de l'argent qu'elles gagnent – quand elles en gagnent, et moins que les hommes –, d'assumer un travail à la maison qui est gratuit. Quand un homme se marie, il épouse une femme

---

1. Article d'Annick Cojean, dans *Le Monde*.

de ménage gratis. » « Le bonheur, c'est la liberté et l'indépendance. Par là, j'entends que, en tant que femme, mon bonheur ne doit pas dépendre de quelqu'un d'autre (d'un homme, par exemple). À partir du moment où mon bonheur dépend d'un homme, je suis esclave. Je ne suis pas libre. » Est-ce que vous êtes d'accord avec Delphine Seyrig ?

L. R. Oui. Je pense aussi qu'il ne faut pas dépendre d'un homme.

L. S. Vous avez pourtant été dépendante de votre mari, Loulou Gasté. C'est ce que vous écrivez dans vos mémoires : « J'étais soumise à Loulou et je ne le regrette pas[1]. »

L. R. Je ne l'ai pas tout le temps été. Il est bien évident que, lorsqu'il était mon pygmalion, je dépendais de lui. Mais vient un moment où le pygmalion s'envole. Oui, j'ai été soumise pendant toute une période importante de ma vie. Mais Loulou Gasté m'a transmis des choses fortes, qui me servent encore aujourd'hui ; et j'écoutais ses conseils. Mais si vous êtes complètement dépendante, vous ne réagissez plus à rien. À titre d'exemple, lorsqu'il n'avait pas voulu que je fasse le Casino de Paris, je lui avais répondu : « Si, Loulou, je veux le faire ! » Et j'ai fait le Casino de Paris.

---

1. *Et mes secrets aussi*, coécrit avec Bernard Stora, Robert Laffont, 2013.

L. S. Vous n'étiez donc pas totalement soumise à lui.

L. R. Non.

L. S. Il faut dire que votre histoire n'avait pas très bien commencé. Dans vos mémoires, vous écrivez que, lors de votre première nuit, il vous déshabilla «comme on plume un poulet». De cette première expérience, vous ne gardez «aucun souvenir d'ivresse sensuelle». Et, au petit jour, il vous a mise dehors…

L. R. Eh oui… C'est pas très joli! Mais je l'ai quand même aimé.

L. S. C'était votre premier amour?

L. R. Oui, mon premier.

L. S. Le voici qui parle de vous: «Line m'a apporté une stabilité, car elle est extrêmement équilibrée. Et elle a des qualités… Enfin, je ne vais pas faire son panégyrique, car elle a tellement de qualités que ce serait trop long de les énumérer. Elle m'a apporté beaucoup, en ce sens qu'elle m'a stabilisé, si vous voulez. Mais, je vais vous dire, je pense que je le lui rends cette espèce de stabilité qu'elle m'apporte.»

L. R. Ça me fait drôle d'entendre sa voix.

L. S. Ça faisait longtemps que vous ne l'aviez pas entendue?

L. R. [*Silence*]

L. S. Loulou Gasté ne voulait pas d'enfants. Vous nous avez confié être tombée enceinte à dix-sept ans et avoir subi un avortement clandestin. De cet épisode, vous dites : « C'est un souvenir effroyable, une adresse glauque, un appartement sombre. »

L. R. Vous voyez, pour tout ça, je ne devrais pas aimer Loulou. J'avais dix-sept ans, on a couché ensemble. Il prenait un risque. Puis il m'a laissée repartir dans le Nord. Et ce qui est arrivé est arrivé : je suis tombée enceinte et j'ai dû me faire avorter. On voit à quel point je l'aimais pour supporter ça. Aujourd'hui, je me dis qu'il ferait de la prison.

L. S. Votre grande tristesse, votre grand regret est de ne pas avoir eu d'enfants ?

L. R. Oui. C'est le grand regret de ma vie.

L. S. Voici ce que Claude Chirac dit de ce regret : « La vérité de la femme Line Renaud, c'est qu'elle n'aura pas eu d'enfants, alors qu'elle aurait été une maman exceptionnelle. Line a joué un rôle absolument fondamental pour moi. Elle est pour beaucoup dans la femme que je suis aujourd'hui[1]. » Vous avez renoncé à l'idée d'être mère pour Loulou Gasté. Pour votre amour.

---

1. « Un jour, un destin », France Inter, 2008.

L. R. Oui. Après, c'était de toute façon trop tard. Tous les contrats s'enchaînaient…

L. S. C'était l'homme de votre vie, mais vous l'avez quand même trompé.

L. R. Il y avait des circonstances atténuantes. Il ne faut pas laisser une femme seule trop longtemps, surtout dans un endroit qui lui déplaît. J'étais à Las Vegas et, comme je vous le disais, je ne m'y plaisais pas du tout, malgré le succès. J'ignorais que le président du Caesars Palace venait tous les soirs me voir chanter. Un jour, lors d'un cocktail, nous avons fait connaissance. « Je pars à Baltimore, me dit-il. Pourrais-je vous voir à mon retour ? » Je lui ai tout de suite répondu « Oui ». Cet homme m'a plu.

L. S. Vous parlez d'un « adultère délicieux » et dites : « Je trouve qu'on divorce trop aujourd'hui. » Mieux vaut avoir un amant que divorcer ?

L. R. Oui ! Je savais que je ne quitterais jamais Loulou, et je ne l'ai jamais quitté.

L. S. Line Renaud, vous défiez le temps qui passe. À quatre-vingt-treize ans, quel est le secret de votre forme ? Comment faites-vous ?

L. R. Je vais vous le dire : je n'ai jamais pensé à mon âge. L'âge ne m'a jamais fait souffrir. Prendre une année n'est pas une année à vivre *en moins*, c'est une année de bonheur *en plus*. Je souhaite aux femmes de ne pas avoir peur de dire leur âge. Eh bien, quoi ? Vous vieillissez ? Oui, vous vieillissez ! On le sait qu'on va vieillir…

L. S. Avez-vous eu des vices ?

L. R. Non, aucun. À part peut-être une tendance à aimer l'alcool. Tout en restant dans la limite du raisonnable !

L. S. Verrez-vous de votre vivant une femme présidente de la République ?

L. R. Je ne serai plus là pour la voir mais oui, il y aura une femme présidente de la République.

JACQUELINE LAFFONT, AVOCATE

LINE RENAUD, CHANTEUSE ET ACTRICE

ARLETTE LAGUILLER, MILITANTE

CATHERINE GUILLOUARD, PRÉSIDENTE DE LA RATP

CATHERINE MILLET, ÉCRIVAINE

CHRISTINE LAGARDE, PRÉSIDENTE DE LA BANQUE CENTRALE EUROPÉENNE

ANNE HIDALGO, FEMME POLITIQUE

KARINE LEJEUNE, COLONELLE DE GENDARMERIE

LILA BOUADMA, MÉDECIN

MICHELLE PERROT, HISTORIENNE

MARION COTILLARD, ACTRICE

Merci à Laurence Bloch et à Catherine Nayl, les « mothers »
puissantes et bienveillantes de France Inter.

Merci à Paola Puerari, Alexandre Gilardi, Stéphanie Boutonnat,
Marie-Elisabeth Jacquet, Agathe Levita et Jean Brossier, les
rocs les plus rocks du monde.

À Juliette Hackius, Hélène Bizieau et Anna Buy, oreilles
absolues, réalisatrices aux doigts d'or.

Aux techniciens de France Inter qui ont capté ces voix de
femmes, leurs mots, leurs sourires et leurs silences.

À Nicolas Demorand qui m'accompagne, pardon, me supporte,
tous les matins.

À Raphael G. qui m'accompagne, pardon, me supporte, le
reste du temps.

À mes parents et à ma sœur, ma famille précieuse que j'aime.

À Fanfan Glucksmann.

À Pierre, mon meilleur ami et éditeur avisé.

À Laurent Beccaria pour la confiance.

À Mathieu Sarda, qui me manque.

11
Préface
— Léa Salamé

15
«Regarder et dépasser
mes peurs m'a rendue
puissante.»
— Marion Cotillard

37
«Si la puissance
veut dire être solide,
j'ai toujours su que je l'étais.»
— Lila Bouadma

63
«Il faut faire entrer
les femmes dans l'Histoire.»
— Michelle Perrot

93
«Je veux bien reconnaître
que j'ai mis un petit coup
de pied dans la fourmilière.»
— Arlette Laguiller

121
«Je ne me suis jamais dit
que je ne pourrais pas
y arriver.»
— Jacqueline Laffont

145
«Je me sens puissante
quand j'arrive à faire 50 mètres
sous l'eau sans respirer.»
— Christine Lagarde

173
«Pour moi, ce qui compte,
avant tout, c'est la liberté.»
— Catherine Millet

203
«Dès qu'une femme
devient "puissante",
on la dit "autoritaire"...»
— Anne Hidalgo

225
«Depuis peu, j'exige
qu'on m'appelle
madame LA colonelle.»
— Karine Lejeune

249
« En devenant présidente
d'un groupe comme la RATP,
on peut se sentir puissante. »
— Catherine Guillouard

273
«Je ne serai plus là pour la voir,
mais oui, il y aura
une femme présidente
de la République.»
— Line Renaud

311
Remerciements

L'EXEMPLAIRE QUE VOUS TENEZ ENTRE LES MAINS
A ÉTÉ RENDU POSSIBLE GRÂCE AU TRAVAIL DE TOUTE UNE ÉQUIPE.

ÉDITION : PIERRE BOTTURA
ANNE-JULIE BÉMONT ET MARIE-LAURE PAULY (ÉDITIONS RADIO FRANCE)
COUVERTURE ET CONCEPTION GRAPHIQUE : ÉRIC PILLAULT
PHOTOGRAPHIES : ALEXANDRE GILARDI ET PAOLA PUERARI
TRANSCRIPTION : BÉRENGÈRE DE POMMEROL
RÉVISION : AUDREY GUILLEMET, ISABELLE PACCALET ET SOPHIE LOUBIER
MISE EN PAGE : SOFT OFFICE
PHOTOGRAVURE : POINT11
FABRICATION : MAUDE SAPIN
COMMERCIAL ET MARKETING : PIERRE BOTTURA
RELATIONS LIBRAIRIES : JEAN-BAPTISTE NOAILHAT ET DAMIEN NASSAR
PRESSE ET COMMUNICATION : ISABELLE MAZZASCHI AVEC AXELLE VERGEADE
KARINE MARTIN (ÉDITIONS RADIO FRANCE)
LES ARÈNES DU SAVOIR : PIERRE BOTTURA AVEC MARC BLACTOT,
LAURA DARMON, ADÈLE HYBRE, GUILLAUME LOLLIER ET CLÉMENTINE MALGRAS

RUE JACOB DIFFUSION : ÉLISE LACAZE (DIRECTION), KATIA BERRY (GRAND SUD-EST),
FRANÇOIS-MARIE BIRONNEAU (NORD ET EST), CHARLOTTE JEUNESSE
(PARIS ET RÉGION PARISIENNE), CHRISTELLE GUILLEMINOT (GRAND SUD-OUEST),
LAURE SAGOT (GRAND OUEST), DIANE MARETHEU (COORDINATION),
CHARLOTTE KNIBIEHLY (VENTES DIRECTES) ET CAMILLE SAUNIER (LIBRAIRIES SPÉCIALISÉES)

DISTRIBUTION : INTERFORUM

DROITS FRANCE ET JURIDIQUE : GEOFFROY FAUCHIER-MAGNAN
DROITS ÉTRANGERS : SOPHIE LANGLAIS
ACCUEIL ET LIBRAIRIE : LAURENCE ZARRA
ANIMATION : SOPHIE QUETTEVILLE
ENVOIS AUX JOURNALISTES ET LIBRAIRES : VIDAL RUIZ MARTINEZ
COMPTABILITÉ ET DROITS D'AUTEUR : CHRISTELLE LEMONNIER,
CAMILLE BREYNAERT ET CHRISTINE BLAISE
SERVICES GÉNÉRAUX : ISADORA MONTEIRO DOS REIS

Achevé d'imprimer sur les presses de l'imprimerie Corlet
à Condé-en-Normandie (Calvados) en octobre 2021.

ISBN: 979-10-375-0523-1
N° d'impression: 21070117
Dépôt légal: Novembre 2021